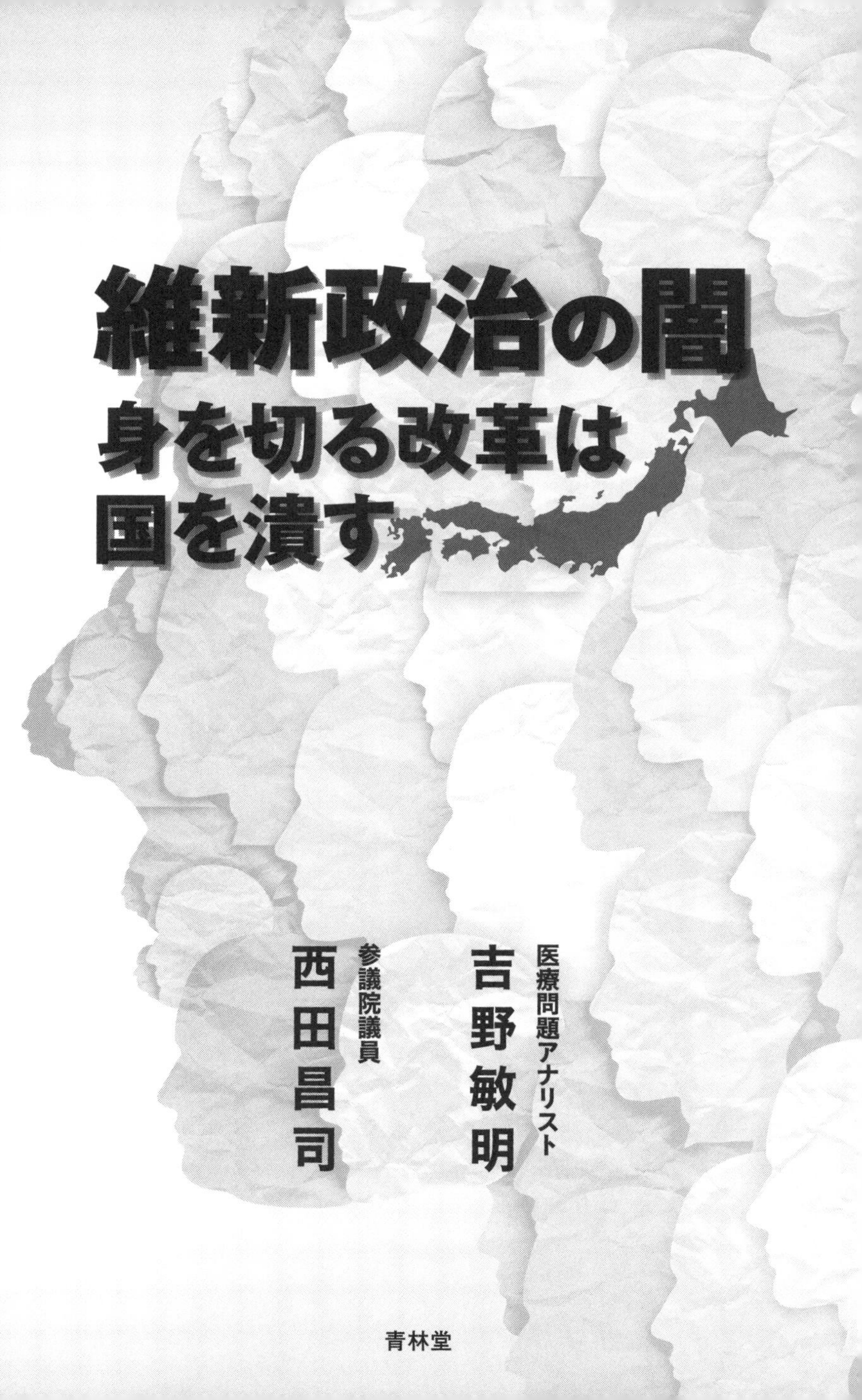

維新政治の闇

身を切る改革は国を潰す

医療問題アナリスト
吉野敏明

参議院議員
西田昌司

青林堂

まえがき

令和五年四月、私は大阪府知事選挙に立候補された吉野敏明先生の応援に行きました。当時、自民党は大阪市長選挙には候補者を擁立しましたが、圧倒的な維新のパワーを前に知事選挙には候補者を擁立できずにいたのです。自民党ですら知事候補を擁立できない状況下で、「反維新」を掲げて立候補された吉野先生の漢気には、正直感服いたしました。

維新の会は、橋下知事の大阪都構想が政策の原点です。大阪を東京の様に府から都に組織を変えれば、東京の様に発展する筈という考えのようですが、余りにも短絡的な考え方です。そもそも住民投票で二度も否決されているのです。

戦前も東京が政治の中心でしたが、江戸時代から天下の台所と言われた様に、経済では大阪にも勢いがありました。それがバブル以後は完全に東京に抜き去られたのです。この失地回復こそ維新の会の原点でしょう。同じ関西人としてそのことは大いに理解しています。

しかし、身を切る改革も都構想も道州制も、結論は地域の行政予算を削減することを意味します。地域に投資する予算を増やせばその地域が発展することは理解できますが、予算を減らして何故活性化するのでしょうか。する筈がないことは誰の目にも明らかでしょう。

では、何故、東京だけが発展して大阪始め他の地域が地盤沈下したのでしょうか。その原因は、バブル後の緊縮財政と規制緩和にあります。バブル後、経済は

極端に落ち込み税収不足が続いたため、緊縮財政が始まりました。正に身を切る改革の始まりです。当時、首都圏では東海道を始め、東北、上越、北陸などの新幹線も殆ど既に整備されていました。他の地域も新幹線などのインフラの整備が計画されていましたが、事実上こうした長期投資は中止されてしまいました。これに変わって行われたのが規制緩和です。首都圏では容積率が緩和されました。これは既にインフラ整備された土地の面積を立体化により倍増させることを意味します。お陰で首都圏では超高層ビルが林立し、大繁栄をいたしました。しかし、全国のインフラ整備が行われていれば、これらのビルは東京ではなく、全国各地の主要都市で建てられていた筈です。緊縮財政と規制緩和が東京一極集中だけでなく、日本全体としても経済のデフレ化をもたらしたのです。失われた三十年の原因はここにあります。

維新の会の「身を切る改革」はこうした事実を検証することなく、誤ったデフレ政策を更に続けようとするものです。維新の会の躍進は日本の衰退と解体につながります。

大阪知事選を通して、吉野敏明先生とこうした問題意識を共有したことが、この本の出版に繋がりました。是非とも多くの皆さにも維新の会の問題点を知っていただきたいと思います。

西田　昌司

目次

第1章

大阪を壊した維新政治

身を切る改革のウソ

そのキャッチフレーズの内実は？

吉野　前回の選挙（編注：二〇二三年四月の統一地方選挙）で、大阪維新の会は関西域のみならず、全国的な躍進を果たしました。これは維新の会が掲げる「身を切る改革」が、分かりやすいキーワードとして有権者に受け入れられた結果だったと思われます。ですが分かりやすい看板の奥にある政策や方針に関しては、必ずしも十分な理解を得られなかった、それ以前に理解を得るべく行われるはずの説明が、十分ではなかったのではないかという疑念も残ります。

この点について、西田先生はどのようにお考えでしょうか?

西田　維新の「身を切る改革」というのは、ひとことで言うと大阪の予算を減らすという意味です。その延長線上にあるのは、維新が掲げてきた大阪都構想、さらに日本全国の道州制への移行です。大阪都構想と道州制というのは、制度としてみた場合には連携するものではないのですけれども、いずれも「行政経費、行政予算を減らす」というところから生まれたものです。大阪府と大阪市、その二重行政の部分を整理して、全体のコストをスリム化するんだと、そういうことです。しかし行政予算を削減あるいは圧縮することで、それがどのように大阪の活性化につながるのかというところを、十分に説明できていないのです。

吉野　無駄に使っているコストをカットし、別の使途に振り分ければ、それによる効果というものが生まれてくるはずです。

西田　そう、産業振興や地域発展のために、これだけの浮いたコストをこのように使います、というのなら話は通るのですが、維新の説明からは、そのいちばん重要なところが抜け落ちています。単に大阪の行政予算を削減するだけにとどまってしまい、そこから先の具体的かつ明確なシナリオが見えてきません。逆に予算を絞るだけにとどまるなら、活性化どころか逆の結果になりかねません。だから私は、維新の大阪都構想にずっと反対してきたのです。

大阪都構想を進めるべきか否か、二度も住民投票を行いましたが、結果はいずれも否決されました。その理由のひとつとして、この具体性の乏しさが挙げられるのではないでしょうか。

吉野　確かに、具体性に乏しいところはあると思います。さらにいえば、必要なところまで切りすぎているという印象が強くあります。公務員や保健所の数、医師や看護師といった医療分野にも改革のメスが入りましたが、そのしわ寄せが現場に行ってしまっています。今回のコロナ禍では、死亡者数・死亡率とも、大阪はワーストワンです。手当たり次第にコストカットするのでは、改革とはいえません。

点数で競わせる仕組みの欠陥

吉野　維新が実施している政策のひとつに、中学生の学力向上策である「チャレンジテスト」という制度があります。いわば実力テストのようなもので、名目としては、中学校ごとの平均学力を測り、同時に高校入試の際の生徒の内申点を決める判断材料にする、という建て付けになっています。

競争原理に委ねるというのは方法のひとつだと思いますし、それが奏功する場面もあります。ただ、すべてに適用できる最適解ではありません。ひとつの学校内で行うぶんには、学内での相対評価になるのですが、これを大阪全域の公立校で実施する。これによって、生徒にとっては大阪府下での自分の実力が偏差値で明確化でき、進学先を選ぶ指針になる、というのです。競争原理の見地からいえば、妥当な策ではあります。では、この施策を続けた結果どうなったかというと、大阪は不登校率ほかさまざまな分野で、トップクラスになってしまいました。このテストは中学生を対象にしたものなのですが、その影響が波及したためか、小学校から高校まで、不登校率で見ると大阪は全国トップクラスです。大阪の中学校の長期欠席者比率は九・四パーセントで、ワーストワンです。

西田　成績そのものも、良くはなかったですよね。

吉野　私が記憶しているところでは、国語の成績が全国で最下位でした。学力が落ちて不登校が増えて、しかも自殺者も多い。これはどう見てもおかしい。そもそもこのテスト自体が、子どもたちの役に立っているのか。その疑問を府知事選の際に訴えたのですが、それに対する吉村知事の反論は、「成功体験を積ませることが教育なのだ」というものでした。まず自分の偽りない実力を知る、それが予想よりも低いものであれば、高めるための努力をする、そして実力が高まれば、それが成功体験となって、社会に出た時の強みになる、と。まさに理想論なんですが、自分の実力を知った時点で愕然《がくぜん》と膝を折ってしまう子どものことは、一顧だにしないというわけです。

西田　人間に対してもう少し、理解があれば……そうした思考プロセスには至らないと思うのですが。

吉野　学力の話だけに止まりません。人は国の基《もとい》であり、人を作るのが教育ではありますが、それは数値化できる要素ばかりではありません。他者を気遣うことや、恐れを退けて一歩を踏み出す勇気、状況に応じて対処する臨機応変さ、何がいちばん大切なのかを見極める力、この国を存続させてきた多くの人々の英知への理解……。そうした数値化できない資質が、学校の勉強ができるかどうかという要素とはまったく違うところに存在している。そしてそうした資質こそが、自分と家族だけでなく、地域や国を守り、救うための能力であると思うのです。まあ、この話をすると、たいていは真っ向から否定されますけれども。

西田　それは、否定するほうがおかしいでしょう。私がその場にいたら、「何を言ってるんだ、馬鹿野郎！」くらい、言ってやりますよ。でも実際のところ、そこにも問題が消えない要因があるような気もしますね。

吉野　え、どういうことですか？

西田　私も若い頃には、あれこれ自分で勉強して考えて、その上で論を組み立ててきました。ところが、経験豊富な親父世代の方々からすれば、まだまだ踏み込みが甘いわけです。だから叱《しか》られる。「お前は何も分かってない、勉強が足りない」と、やり込められるわけです。それが悔しいから、また勉強して、知らなかった事実を拾い集めたり、さまざまな角度から自分の論を検証したりして、磨きをかけていきます。

ところが今の私くらいの年頃になると、もう叱ってくれる人も、やり込めてくれる人もいないんです。また若い人たちの至らなさに対して、正面から「否《いな》」を突きつけてくれる大人も減ってきました。私の若い頃とは時代が違う、ということもあるかもしれませんが、そのために薄っぺらな理屈が、いかにも優れたもののように大手を振って歩いている。なんとも嘆かわしいことです。

なぜ「しがらみ」を捨てなくてはならないのか

西田　維新は「しがらみがない」ことを自らアピールしていますが、これもちょっと考えたいワードだと思っています。「しがらみ」というのは悪い意味で使われることが多いことから、「しがらみがない」というと、いかにも既得権益や忖度《そんたく》とは無縁な、クリーンな印象がありますよね。

吉野　しがらみのなさという点では、われわれ参政党でもアピールしているポイントではありますが。

西田　要するに言葉の使い方ですよ。そもそもの話、世の中はしがらみだらけです。良くも悪くもですが、実に多くの人々が、さまざまな関係性でつながり合っている。この状態から、誰と誰を結びつけ、どのような役割を担うのか。それが大事でしょう。その関係性の大きな輪の中で、誰かに過剰な負担やしわ寄せがかかっていないか。皆が納得し、利益を得られ、不平不満のない状態にあるか。利害調整をクリアした上での、望ましい関係を築き上げることが大事なはずです。これは日本人が本来持っている、人間関係における知恵であり文化であるはずです。

吉野 確かに、事前の根回しも含めたステークホルダー間の利害調整は、日本人が重視するところですね。ことに関西圏では、その傾向は強いかもしれません。

西田 その構造と発想を捨てるというのは、日本の文化には馴染まない。ではなぜ「しがらみを捨てる」という話が出てきたのかといえば、これが外国からの圧力なんです。日本市場に参入したいのに、ルールや慣習がややこしく、面倒だ。これでは投資もしにくいから、変えてくれ、というわけです。明治の頃にアジアにやってきた外国人たちが、軒並みこうした主張をしました。普通に考えれば、「郷に入らば郷に従え」の言葉を引くまでもなく、現地のしきたりに則《のっと》って取引するのが当然です。ところが彼らは「いや、俺たちのルールはこうだ。だから、そっちのルールを変えろ」と言い出す。こちらとしては「知ったことか」という話です。そんな主張に迎合する必要はないし、従ういわれもない。ところが、それを突っぱねると武力で脅しに来る。アヘン戦争がまさにその例です。

吉野　イギリスと清国との間で起こった戦争ですね。もともと清国では禁制品だったアヘンを、イギリスが大量に持ち込んでアヘン禍が広がった。そこで清国がアヘン輸入の全面禁止や保管品の没収処分を断行したら、イギリス軍が出てくることになったという。

西田　日本も、危ういところだったのです。われわれの先人はその危機をうまく回避してくれましたが、いつもうまくいくとは限りません。常に外的脅威を想定して、それに対する備えと警戒を怠ってはいけない。それは国の独立を守る基本であるはずです。ところが、現代の日本人は何かといえば「グローバルスタンダード」を振り回します。耳あたりの良い言葉ですし、俺たちは世界の仲間入りをして、世界を相手にビジネスを展開するのだ……というイメージもある。ですがそれは、裏を返せば「日本の伝統的思想と手法を捨てる」ということです。これは商習慣に限った話ではなく、生活スタイルや食習慣などにも通じるのですが、一国の文化というものは、その国の気候風土や歴史、そこから育まれる国民性に深く根ざしています。それを無視し、歴史も文化も異なる外国のやり方を表面上マネしただけでは、うまくいくはずがありません。国益を損なうことにもなりかねない。なのに、言葉のイメージに引きずられて嬉々《きき》としてその道へ進んでいくのは、もう洗脳されているレベルだと思います。

森友問題に見え隠れする、維新の本質

吉野　ところで、維新の訴える「身を切る改革」は、有権者の方々には大いに受けて、受け入れられました。ところがしっかり実践されているのかというと、どうも怪しいところも見受けられます。

西田　有言実行されていない、ということでしょうか？　だとしたら問題ですけれども。

吉野　松井さん自身、退職金はもらわない、給料は下げると宣言していましたが、下げた給料に退職金相当分を上乗せして受け取る、という形をとりました。なるほど、これなら確かに給料は下げたし、退職時に退職金をまとめて受け取ることもありません。でも実際には上乗せされた退職金を合計すると、在任期間相当分の退職金よりも多くもらっているわけです。これは明らかに欺瞞《ぎまん》です。酒井貝塚市長は、公約である報酬カットは行っていません（二〇二三年七月現在）。これは新聞でも報道されていました。私はこの件について今年の大阪府知事選挙のテレビ討論番組で追及しましたが、見事に無視されてしまった。

西田　スローガンは耳に心地よく響くんですが、その先が、中身が、方法論がというところに、疑問符がつくやり方ですよね。私が思う維新問題の原点というのは、これは何度も話していますが、森友学園問題なんです。この事件は当時の安倍総理を中心に語られることが多いのですが、そもそも森友学園が、話の発端である小学校の開設を申請したのは二〇一四年。当時の大阪府知事は松井一郎さんです。ところが提出された計画書を私学審議会でチェックしてみると、事業を継続するだけの資金が確保できていない。結局、審議結果は「保留」となってしまいました。ところが森友側が主張する「追加で寄付を集める」とか「校舎建築は四億円に抑える」とか、その時点で実現できていない条件を出してきた。それに対しそれらの条件をすべて満たすことや、負債が大きくなった場合は認可を取り消すという対抗条件付きで、「認可適当」の判断を出してしまったわけです。

吉野 なんとしても実現したい一心で出した空手形を、呑んでしまったわけですね。

西田 そんな許可が通ることがおかしいじゃありませんか。それまでどんなやりとりがあったとしても、許認可の基準というものは固定されています。ゴールポストは動かしてはいけない。案の定その後は学校の土地の購入費や購入までの賃貸料、土壌改善の工事費など、お金の問題が噴出して、二〇一七年には学校法人そのものが民事再生法の適用を受けています。

吉野 さんざん騒ぎを大きくして、やりっぱなしで終わってしまった感がありますね。

西田　結局、集めるといっていた寄付もいくら集まったのか、集まったとしたらそのお金はどこに行ったのかということも、曖昧《あいまい》なままです。工事費にしても、どこまで支払いができたのか。まあ、その点については森友側の問題ですけれども、私が問題視しているのは、先ほども言った通り許認可の基準を歪めてしまったことです。基準を満たしていないなら、端的に「不可」とすればいい。なぜそこで「お金を集めたら」だの「先行き怪しくなったら取り消す」だのと、甘い条件を付けるのか。そのために、工事を請け負った各社が迷惑を被っているんです。にもかかわらず、でたらめな審査をして会社に損害を与えた大阪府を工事会社が訴えたという話を聞きません。潰れたという噂もないし、文句も聞かない。

これが橋下さんと松井さんが大阪府のトップにいた間に起こっているんです。なぜですかね。そこに維新の暗がりの、一丁目一番地が隠れているような気がしてなりません。……ここから先は私の想像ですので、口にはしませんけれども。

吉野　うっかり口にできない暗闇がありそうですね。

西田　森友学園側からしたら、「二階に上がったらハシゴを外された」と恨みに思っているでしょう。現在のところ、例の小学校は校舎がほとんどできあがったまま、放置されています。それはもう無残なものです。もっとも森友側もたいがいなもので、代表の籠池さん自身が大風呂敷というか、ほら吹きですから。でもいい加減な事業計画でも行政が認可してしまったら、「大阪府認可」を錦の御旗にして、ぐいぐい進めていけるわけです。その結果、各方面に損害を出させて、それでも被害者が声を上げない。私はこの件について、当時の関係各所に取材や問い合わせをしてみたのですが、一様に何も話してもらえません。すでに退職した方にも取材してみましたが、決して話してくれないのです。

吉野　西田先生は、その答えというものをご存じなのですか？

西田　あくまで想像です。エビデンスがあるわけではないので、口にはできません。ですが想像すれば、おおよその見当はつきます。大阪の建築関係者の多くは、同じ考えを持っているのではないでしょうか。

吉野　これまでの維新は、いろいろなプランを打ち出しています。大阪都構想、道州制、身を切る改革、ＩＲ誘致、大阪万博。市庁舎の移転やホテルの建設など、さまざまな話が出てきましたが、その多くが実現できずに終わっています。何ひとつ成功していない、と言ってもいい。

西田　もちろん、計画はあくまで計画にすぎないし、いろいろな障害があって未達、未完に終わってしまうこともあります。それは仕方がない。でも行政として税金を使って動いているからには、失敗したとしても状況をしっかり周知させることは必要です。ところが彼らには、やることなすことすべて成功したと言い張る傾向が見られます。それをメディアを通じて発信し続ければ、府民市民は信じますよ。誰かがそこにメスを入れれば、明らかになることなのですが。

先ほどの森友問題にしても、司法の手が入れば、その後の展開はずいぶん変わったと思うのです。ところが被害を受けた側が何も言わない。許可をした行政に被害届も出さなければ、訴訟も起こさない。いちばんの問題はそこだと思っています。

大阪都構想（道州制・地方分権）が目指す真の目的とは？

道州制ですべてがバラ色になるのか

吉野　道州制への移行によって、かなりのコスト削減ができる……という話は、以前からあったものと思いますし、維新内部でのディスカッションも行われたと思いますが。

西田　削減額については、約四兆円という試算も出ていました。確かに、地方予算を四兆円増やせば、地方は活性化するでしょう。しかし逆に減らしたら、活性化するはずがありません。また、浮いたコストをどのように使うかという点については、何らかの使途に充てることもできますし、単純にその削減分を減税に回す、ということもできるはずです。

吉野　減税が実行されれば、萎縮《いしゅく》している消費が拡大することも期待できますよね。法人減税に振り分ければ、投資を促すことにもつながるでしょう。

西田　その通りなのですが、どうもそこのところが、政界も財界も分かっていないらしかったのです。というより、道州制への移行と、地域経済さらには日本全体の活性化という二つの課題が、合理的につながっていなかったのです。

道州制についての議論が自民党本部で起こった時、道州制推進の立場をとられていたパナソニックの中村会長が、会合に参加されたことがありました。そこで「皆さん、もう道州制は議論ではなく、実行する段階なのです」というお話をされたのです。当時、私は国会議員になったばかりだったのですが、道州制がなぜ日本の活性化につながるのか、という点について、その場で中村会長にいくつかの質問をさせていただきました。道州制の実施によって行政予算の削減・圧縮ができれば、個人・法人への減税が可能になる。となれば当然、企業から国内への投資拡大が期待できますね、と。とところが中村会長は「いや、それは約束できません」と答えられました。

吉野　企業にはそれぞれ戦略があるものですが、少なくとも日本有数の大企業のトップがそのような即答を返すとなると、とても「日本の活性化」というところに、たどり着けるようには思えませんね。

西田　その通りです。道州制にして行政経費を減らして、その分を減税して……というのはあくまでも仮定の話ではあります。ですが「たとえばの話」の次元でこれでは、道州制に時間と労力をかけても意味がありません。これはあくまでも中村会長個人の考えではありますが、グローバルに事業を展開する大企業からすれば、国家という概念にとらわれていては、ビジネスにならない、という面はあるのかもしれません。ともあれ、これがひとつのきっかけになって、自民党内での道州制実施の機運は、急速にしぼんでいくことになりました。当時、自民党内では松浪健太議員が「道州制男」を自任し、その推進に力を入れていましたが、彼と議論してみても、やはり「なぜ道州制が日本の活性化に結びつくのか」という点があやふやで、私の質問に答えられないままでした。その後、彼自身は維新に移籍し、最近では高槻市長選に出たりしていましたけれども。

吉野　維新の大阪都構想と、その是非を問う住民投票の一連の騒ぎで、「道州制」というものがクローズアップされました。ですが実際のところ、その道州制と大阪都への移行の必然性、さらにそれによる活性化がどのように果たされるのかという部分が、明確でなかったということですよね。

西田　そうです。道州制という仕組み自体は、それ以前からいろいろなところで議題に上がってはいたでしょう。ですが維新による大阪都構想というのは、必ずしも道州制と結びつくものではありません。彼らの言い分は、要するに行政経費を小さくして、効率化しようという話です。そして行政経費を削減したとて、地域経済の活性化に直結するわけではありません。この騒動を、私は隣の京都から傍観していて「この人たちは、何を言っているんだろう」と思っていました。自民党内で道州制議論を潰した張本人でしたから、私は。

吉野　ですが道州制と大阪都構想が直接リンクするものではない、ということを知っている人は、少なかったのではないでしょうか。多くの有権者は、大阪都＝道州制という認識を持っていたのではないかと思います。

大阪が東京と並び立つ存在に

西田　有権者の中には、イメージでとらえていた方も多かったと思います。東京と並び立つ「都」になれば、大阪がこれまで以上に立派なものになる……というような。そもそも大阪は大規模な商圏で、強力な経済力を持っていた。それがいつの間にか、東京に追い越されてしまった。それは東京が「都」であるからだ。このようなイメージがあると、「大阪都になれば、東京を巻き返せるはずだ」という考えに至ってしまうのかもしれません。政治家の中にも、そうした方はおられるように感じます。ですがこれはまさにイメージだけの話であって、実が伴うものではないのです。

そもそも東京都は昭和十八年、戦争のまっただ中で、東京府と東京市を統合したことで生まれたものです。東京市の存在は東京都に吸収され、東京都の下に特別区を設置しました。この特別区の自治権は、それまでよりもかなり縮小されたものでした。非常時ですから、重要な行政権は東京都に一本化し、背後に政府がつく、という形をとったわけです。

吉野　東京での都制への移行は、戦時という緊急事態の下での、自治権の制限が主眼だったわけですね。

西田　もちろん、それだけではなかったとは思いますが。しかし現在の大阪で実施したところで、行政権の縮小とともに、むしろ大阪全体の弱体化につながるリスクのほうが高いはずです。「大阪都」は、キャッチコピーとしては耳目を集める言葉ですし、耳あたりもいい。ですが都制への移行にあたってどんな政策を取るのか、活性化の具体策はあるのかという点が不明瞭で、整合性が取れていなければ、実施しても混乱や衰退を招いてしまう。だから僕は当初から大反対してきたわけです。

吉野　二〇二三年の大阪府知事選で大阪に居て感じたのは、東京に対するライバル心です。これ自体は、良い悪いを論じるものではありません。互いに認め合いながらも「負けてたまるか！」と切磋琢磨《せっさたくま》することで、さらなる境地を目指すことができますから。ですが、ライバル心が先走るあまり、政策に論理性や具体性を欠いてしまってはいけません。維新の皆さんが訴えていた過去の道州制の発言を見ると、そこが弱いように感じてならないのです。

彼らの発言のひとつに、道州制に移行することで、現在の都道府県政よりも広い範囲での行政が可能になるから、各道州がそれぞれに自分たちの地域に合った行政ができる。しかも大阪圏はもともと経済力が強いから、東京に並ぶ存在、東京都とともに日本を動かすツインエンジンになれるんだと、維新の会、特に橋下徹氏は主張していました。そしてそのために、大阪都にする必要があるのだと。ところが、大阪都にするためには行政予算を圧縮する必要がある、というのです。

西田　その部分に、論理の飛躍があるのでしょうね。

吉野　これは西田先生には釈迦に説法なのですが、経営者であれば、予算削減だけではその先の発展が見込めない、というのは誰でも分かることです。これが家庭なら、光熱費を節約して外食費やガソリン代を浮かして、住宅ローンに回す……ということもできますが、日本中でそれをやったら、デフレを呼び込むばかりです。

それと、これは私が気にしすぎているのかもしれませんが……。どうも維新の方々が、われわれ参政党と似たようなことを主張しているようなのです。もちろん政策とは別の部分で、なのですが。

前回の選挙中、私が東京の参政党候補の応援演説に行った時に、すぐ近所で維新の候補が街頭演説をしていました。それが参政党のイメージカラーのようなオレンジ色のノボリを立てて、オレンジ色のジャケットを着て、しがらみのない政党であることをアピールしているのです。宗教団体も圧力団体も経済団体も、われわれにはついていないということを、訴えていました。まるで参政党です。まあ、そこまでは良いのですが、彼らの話を聞いていると、大阪で「身を切る改革」を断行したから、行政コストが浮き、経済の活性化を果たせた、というんです。だからそれを、全国に広げていくんだ、というわけですね。

西田　議員報酬の削減と公務員給与の減額は、確かに「身を切る改革」ではありますが、それでどの程度のコスト削減ができたのか、また削減したコストをどこに振り分けるのかという部分が、不明瞭なままなのですね。

吉野　予算をカットしたからといって、それでお金が回るわけではありません。むしろ、ここぞというところに投下してこそ、経済を回していくことができます。要するに、政治家も政党も国民も、経営者感覚がないのです。それが、まったく逆の理屈がまかり通っている原因です。前回の選挙では維新は全国で大きく躍進しました。それは多くの有権者の方々の支持を得たからに他なりません。それはコスト削減によって経済改革ができる、ということを、多くの人々が信じた結果といえます。日々、倹約と節約に努めている有権者にとっては、それは正論に見えるでしょう。ですが家庭レベルで倹約するならともかく、自治体や国家レベルでそれをやってしまったら、経済活動が萎縮していくばかりです。そこが、一般の方々にはなかなか伝わらないところではありますね。

イメージ先行の政策で成果は上がるのか

西田　一般の方もそうですが、現場にいる政治家の中にも、あまりよく分かっていない方がおられるように思いますね。そもそも、道州制にして経済の活性化ができるのかという話であれば、一通りのロジックを展開する必要がある話です。「道州制にすれば、すべてが良くなる」というような、短絡的なものではありませんから。ところが途中のロジックを無視して、イメージやスローガンに夢を見てしまう人々が、少なからずいるというところが悩ましいのです。それが一般の有権者の方々だけならまだしも、道州制を掲げる政治家の中にも、一定数見られます。大阪都、道州制。このパワフルでキャッチーな言葉に、目くらましされてしまうのかもしれません。

こうした現象は、今に始まったことではありません。その原型を作ったのは、小泉純一郎総理です。

吉野　小泉総理は、自民党の内側から「自民党をぶっ壊す」と宣言しました。あの発言のインパクトは、とてつもなく大きいものでした。

西田　当時は社会保障費がかさみながら、税収が伸び悩むという状況にありました。そのため財務省としては、消費税増税に舵を切ろうとしていました。ところが、小泉総理はそれを認めません。そりゃそうでしょう、有権者のほとんどが負担する消費税を上げるとなれば、反発は必至です。そこで「増税なき財政再建」をぶち上げた。いらないものは、どんどん切る。つまりは、身を切る改革と同じことです。切れるものは切っていき、効率化を図る。その象徴にもなったのが、郵政民営化です。

吉野　小泉政権時の実績については、今もその功罪それぞれを指摘する声が上がっているようですが。

西田　確かに、大きな変革を果たしたというのは事実です。ただ小泉総理の論法では、結果の良し悪しではなく、とにかく変えること、変革することが重要なんだということをアピールしていました。与党総裁が口にするには、ずいぶんと乱暴な論法だと私は思いましたが、とにかくこの主張が、変化を求めていた有権者の方々にも響いたのでしょう。理屈を抜きにして「変えるのだ」というメッセージとイメージが先行し、それで選挙も勝利を収めました。

しかし郵政はあの当時、全体として赤字を出しているわけでもなかったし、事業としてちゃんと回っていたのです。郵便、貯金、保険という身近なサービスを、どんな場所でも同等に受けられるという、国民全体が利益を享受できる仕組みとして機能していました。それをなぜ、変える必要があったのか。そこに私は、今も大きな疑問を抱いています。

吉野　小泉総理の手法は「劇場型」などとも呼ばれましたが、まさにその通りで、観衆である有権者を引き込んでいく魅力に優れていました。ただ理屈で考えると、そのやり方は必ずしも正解とはいえないところがある。冷静に検証すれば、いくつもの穴や漏れが見えてきます。ところが当時は、それを指摘する声は大きくはなかったし、雰囲気に呑まれて気づかない人も多かったのでしょう。だから小泉総理も、政治、行政、財政と改革を続けようとしていた。でも結局はあちこちで疎漏《そろう》が表れて、元に戻そう、という動きも生まれてきました。

道州制と平成の大合併

吉野　大阪都構想とあわせて私が思い出すのが、世紀をまたいで実施された平成の大合併です。地方の市区町村レベルで大量の合併が行われたこの施策は、さまざまな結果を生みましたが、そのひとつとして、歴史のある地名の多くが消えてしまった、ということが大きな損失だと思っています。それこそ『古事記』や『日本書紀』に由来を持つような、千数百年、もしかしたら二千年以上前の由緒ある古い名称が、「東〇〇市」「西△△市」というような、いかにも「整理しました」と言わんばかりの名称になってしまいました。古くから住んでいる住民にとっては、やるせないことでしょう。自分たちが住む場所のアイデンティティを、問答無用で書き換えられるわけですから。

西田　ジブリ映画の「千と千尋の神隠し」ですよね。名前を奪われて、自分の存在が上書きされてしまう。これと同じことが、日本全国で行われたわけです。映画の中では、川の精であった竜の少年が、奪われた名前を取り戻すことで、自分自身をも取り戻していきました。平成の大合併にも、こうした側面があり、それは吉野先生のおっしゃる通りです。

そもそも平成の大合併は、財政上の意味合いが大きいものでした。政府として「増税なき財政再建」と勇ましいスローガンを立てたところで、国の予算の最大部分を占める社会保障費は、そう簡単に削れません。どう頑張っても、増加を抑える程度が精一杯です。となると、社会保障費に次ぐ規模を持つ地方交付税交付金、つまり地方に支給する予算を減らすことを考えた。そこで小さな町村部を、たとえば三つをまとめてひとつにする。こうすれば、それまで三つの自治体に百億円ずつ支給していた予算を、足して三百億円……ではなく、二百五十億円に圧縮してしまう。つまり地方分権の名の下にコストを圧縮させる、というわけです。

吉野　これと同じことを、道州制への移行で実施しようとしていたわけですよね。これで地域活性化につながるとは、到底思えません。

西田　だから反対していたわけです。道州制の話が盛り上がっていた頃、この部分が問題視されたのか、「道州制施行の当初は、各道州への予算を増やす」という話もありました。でもこれも、移行した後は少しずつ減らしていく、という仕組みになっている。

吉野　「初年度のみ年会費無料」みたいな手法ですね。詐欺的とは言いませんが、まやかしといわれても仕方がない。政府がこうしたやり方をとるというのは、褒められたものではありません。

財源移譲という、まやかしの手

西田　地方分権という言葉が掲げられた時点で、この言葉のもとに「何かしなくては」という雰囲気が作られたのは間違いないと思います。しかし「まやかし」といえばもうひとつ、財源移譲の話があるのです。

吉野　国が握っている国税の一部を地方に移管する、という話ですよね。

西田　この話については、もともとそれ以前から自治省（編注：現在の総務省）に各地方から要請というか、嘆願があったのです。国税の一部を地方の独自財源に振り分けてほしい、代わりに交付金は減らしてもらっても構わない、という話です。確かに地方によっては独自財源を確保するだけでも大変ですし、それをさらに増やすとなると、簡単ではないことが多い。安定財源にしにくい、という面もあります。ですが国税の一部を移譲してもらえば、安定的な財源を確保できる。その大元は所得税や法人税ですから、国が潤ってくれれば、それが地方にも還元される、という考えです。この動きは、地方交付税交付金を削減したかった政府からすれば、渡りに船ですよ。国の財源を一部地方に移譲する代わり、地方への支給額を減らす。これに大蔵省（編注：現在の財務省）もうまく絡んで、「じゃあ、地方の要望を汲《く》みましょう」という形で進められた。私は京都の議員でしたが、一人で猛反対していましたね。

吉野　地方交付税の削減と国税の移譲という取引に、まやかしがあったわけですね。

西田　仲間の政治家の先生方からは、さんざん文句を言われました。地方分権が進むというのに、西田さん、なんであなたは猛反対するんだ、と。だって考えてみれば分かるんですよ、国の提案に乗って取引したところで、地方自治体に入ってくるお金は、結局少なくなってしまうんです。多くなるのは東京都くらいでしょう。本来なら地方に分配されるお金が、入ってこず、膨大な個人と法人が拠点としている東京だけが、どんどん大きくなっていく。これはもう、最初から見えていることなんです。ここの説明が不十分なまま推し進めてしまったわけですから、時の政府、自民党には、大いに責任があると思っています。「増税なき財政再建」を進めなくてはならない、そこに地方から「こうしてほしい」という要求が来ている、だったらこんなやり方があるじゃないか……。これもまた、まやかしでしょう。ただ、政府がこうした手を使うこと以上に私が辟易《へきえき》しているのは、こんな手法をとられて地方の衰退が進んでいるのに、そのことにまったく気づいていない人が……有権者はまだ仕方ないとしても、政治の世界に身を置く人々の中に、かなりお見受けされるという点です。本来なら、政治家は政策や制度の内容を理解して、是非を判断して意思表示するだけでなく、有権者の方々に分かりやすく説明する役割も負っているはずです。その政治家がこの有様では、どうしようもありません。正直「何なんだ、この人たちは」と呆れるばかりです。

吉野　政治家は忙しいものですが、国民への周知というのも、大切な仕事でしょう。

西田　道州制も地方分権論も、ちょっと考えて議論を進めてみれば、現在の日本にフイットするものではない、ということは分かるはずです。ところが当時はみな、それが正解だと思い込んでいた。そこにあえて反論する人も、ほとんどいませんでした。政治家だけでなくマスコミも前に出て、イヤちょっと待て、みんなが持てはやしてばかりだけれども、地方分権にはこういうデメリットもあるぞ……という論説を、出してくれれば良かったのです。しかしマスコミは大衆に迎合しないと売れない、という事情がありますから。これもまた、民主主義の弱点だと思います。

しかもマスコミは情報を取捨選択でき、特定の意見のみを採り上げて発信することができます。もっともこの点については、今ではネットや動画サイト、ＳＮＳなど、多角的な情報収集ができるようになりましたから、有権者にとってはかなり環境が改善されていると思います。参政党でやられている動画サイトでの情報発信などは、私も拝見してその手法を学ばせていただいています。

外資に日本のインフラを売り渡す前例となってしまった上海電力問題

不可思議な経緯をたどった、メガソーラー事業

吉野　ところで西田先生は、大阪南港《なんこう》の太陽光発電所、咲洲《さきしま》メガソーラーの事案をご存じでしょうか？

西田　いや……ひと頃話題になった、大型太陽光発電システムでしょうか。何か問題があったのですか？

吉野　おっしゃる通り、これは広大な敷地にソーラーパネルを並べて発電する事業です。建設地の賃貸借について所有者である大阪府が入札を行い、国内企業である伸

和工業株式会社と、日光エナジー開発株式会社、この二社の連合体が落札しました。ところが落札からわずか十日後、伸和工業が「咲洲メガソーラー大阪ひかりの泉プロジェクト」という合同会社を設立。土地の賃借権について旧連合体から承継することになります。そしてその後、中国資本の上海電力日本がこの合同会社に投資し、実質的な事業者となったわけです。もちろん上海電力日本は、中国の発電大手、中国国家電力投資集団の子会社です。

つまり最初から中国の国営電力会社が日本の発電インフラに食い込む算段を組み、フロント企業を使って入札に参加させ、落札した後で新たな会社を作って事業承継し、そこに資本を投下する……という形で日本の事業を乗っ取ったというわけです。しかもこうした一連の動きがあったにもかかわらず、当時の大阪市長だった橋下徹さんは「上海電力の咲洲メガソーラー参入は、入札だった」と発言してしまった。

ですが一般的な入札と比べたら、これは明らかにおかしな入札でした。

西田　入札の時点で、不審な点があったのでしょうか？

吉野　そもそも、この案件の入札は、最低価格が五十五万円でした。ところが、入札した企業連合体が提示した価格は、なんと五十五万一円。形式上、入札できる最低価格です。しかも連合体を構成する二社は、メガソーラー事業の実績がまったくなく、日光エナジーに至っては、落札の一年前に設立されたばかりの会社だったのです。明らかに「落札のための体裁作り」という匂いがつきまといます。さらにいえば、この案件では企業連合体から合同会社への事業承継が認められていますが、これもおかしい。通常なら、入札案件の他社への譲渡は認められないはずですが、「事業を運営・構成する実態は同じ企業だから」という理屈で、大阪市は容認してしまいました。まさに抜け道ばかりをたどっていく「ステルス参入」ですが、このやり方を正当な入札だったとして、橋下さんは認めてしまったわけです。当然、大阪でこの方法が通るなら、よそでも通用するじゃないか、ということになります。

西田　ルールに触れないギリギリのラインを狙っているんでしょうね。

吉野　ＷＴＯが定めた入札時のルールとして、自国と他国の企業を差別しないという決まりがありますから、拒みようがありません。また落札社の組織改編や承継などについて行政側がチェックするのは、当該事業の継続性を落札時の契約通りに保てるかという点だけです。そもそも、年間数万件ともいわれる入札のその後のすべてを、行政が詳細に洗い直すことなど、現実的にも不可能だともいわれます。

そしてメガソーラーを建設できれば、あとはＦＩＴ制度によって、発電した電力を固定価格で、向こう十年間は電力会社が高く買い取ってくれる。確実に利益を得られる仕組みです。その原資になっているのは、消費者が通常の電気代とは別に支払う、「再生エネルギー賦課金」です。

西田 そもそも中国企業の子会社ということは、この会社の利益は中国に流れているわけでしょう？　で、中国の親会社は政府系ですよね。

吉野 中国の国営企業です。上海電力はこのスキームを山口でも繰り返し、福島、栃木などでもその可能性があります。それらの実績を抱えて、経団連への加入も果たしたようです。また本国では、「日本に乗り込み、最初に日本を征服した政府系企業」ということで、習近平氏から賞状をもらったそうですよ。

西田　このやり方がまかり通るなら、日本中のインフラが海外資本に握られてしまいます。

吉野　まさに大問題なのですが……やはり有力政治家の動きがありまして。咲洲の件については、事業のプレゼンが行われた「第一回西日本地区日中友好交流大会」に二階俊博自民党幹事長、松井一郎大阪府知事（編注：ともに当時）が参加。またメガソーラーの竣工式には、細川護熙氏と小泉純一郎氏の元総理二人が、祝電を送っています。他にも、太陽光発電に絡む日本側の著名人や企業のいくつかが、このスキームに参加する面々とつながっている疑惑が濃いんです。それが誰かはさすがにここではお話しできませんが、私にとっては強力な武器ですから、詳細は温存しておきましょう。

日本の切り売りは、すでに始まっている

西田　ですがそうなると、中国側に便宜を図りつつおいしいところを持っていこうとする面々が、かなり暗躍しているように感じますが。

吉野　行政上の制度という面でも、そうした傾向はあります。大阪では、外国企業の大阪への進出をサポートする「O-BIC」という仕組みが用意されています。いろいろな優遇措置があり、その一環として二〇二三年四月から、登記費用の一部を大阪府が補助する、ということも始められました。府としては、今後は三十社を目標として、金融系の外資企業を大阪に誘致することを公約にしています。

西田　つまり、外資三十社を大阪に呼び込む、そのために補助金や優遇制度を使う、というわけですか。

吉野　私の感覚では、咲洲のような電力は「ぎりぎりアウト」。ですが金融系は信用調査権を持っていますから、情報収集に関しては「何でもあり」の状態になってしまい

ます。つまり、完全にアウトです。対象となる企業への審査基準についても、大きな疑問符がつきます。こんなことを続けていくのは、まさに国を切り売りするものだと断言してもかまいません。

西田　もちろん外国の金融機関に対しては、日銀もそうやすやすと勝手はさせないとは思いますが、金融システムは重要な社会インフラですから、その仕組みを揺るがす脅威に対しては、しっかりした対応が不可欠です。

そもそも信用創造は経済を動かす力の源ですし、資本主義の根本でもあります。だからこそ許認可制度や免許制度があって、ルールを守り、国の方針に従える企業だけを選別してきたはずです。そこをゆるがせにしてはいけません。

その、大阪が呼び入れようとしている企業というのは、アメリカの企業ですか？　それとも中国の企業？

吉野　どちらもですけれど、主に中国企業を念頭に置いているようです。あちらでは商業銀行法の改正もあって、業界そのものが問題を抱えているという事情もあるのでしょう。ただ問題は、外資が入ってくれば日本の経済が良くなる、と信じている人々が多すぎるということです。観光客がやってくるのと企業がやってくるのとでは、その効果が逆だということに気づいていない。そもそも、日本のインバウンド市場が大きくなりすぎるのは国が衰える象徴だと思っています。それ以外の分野への投資が主で、観光ことにインバウンドはあくまでもオマケ程度の認識でいたほうが、本質をぶらさずに済みますから。

西田　それにしても、先ほどの発電所の件にせよ外資の誘致にせよ、大阪の人たちは知らされていないのでしょうか？

吉野　もちろん大いに問題視する人はいるでしょう。ですがほとんどの府民は、国の切り売りが始められていることに気づいていません。大阪府として進められている政策であるにもかかわらず、です。まあ一般消費者向けの商売と同じで、メリットは声高に宣伝しても、デメリットとなると、とたんに小声になってしまいますから。そこは自民も維新も五十歩百歩です。ただ、小声になるくらいならまだしも、「これで経済が良くなる」などと、まったく逆の説明をするのは、いただけないと私は思っています。ですからこの現状を少しでも広げたい、知ってもらいたいと思っているんです。前回の選挙の折にもあちこちで訴えてはきましたが、何しろ限られた時間と日数では……。聴衆の皆さんにどこまで伝わったか、ご理解いただけたか、心もとないところではあります。今後も活動していかねばなりません。

まだ間に合う、永遠に地盤沈下する夢洲にＩＲ・カジノを作ってはいけない

沈没すら懸念されるＩＲ事業

西田　カジノの件はどうなのでしょうか。ＩＲ推進派の維新が、前回の府知事・市長選をともに制したことで、やはり現地では大いに盛り上がっているのだろうと想像はできますが。

吉野　維新は、身を切る改革を実行して、学校教育で生徒間の競争をあおって……なのに、学校そのものは数を減らすというんです。一方で、高校は無償化する、カジノができるから予算の心配はない、などと言い出す人もいる始末で。

先日、大阪青年会議所で討論会が行われました。青年会議所は中小企業の集まりで、もちろん政党とのつながりもあり、大阪青年会議所は維新の面々が表立っています。どんな雰囲気なのかなと思って参加してみたのですが、いやもう会場全体が「カジノ万歳」という感じでした。市会議員や青年会議所のメンバーも参加していましたが、もう皆が皆、同じことしか言わない。全員で台本でも共有してるのかと感じるくらい、テープレコーダーのように同じ主張を口にするんです。維新は身を切る改革を断行した、それが成功して景気が良くなった。だから大阪のやり方は間違いないんだ、という具合です。

西田　計画して実行して結果が出たら、その結果を検証して次につなげる。そのサイクルを繰り返すことで手法は洗練されていくものですが、成功に酔ってしまっているのでしょう。その状態の人には、何を言っても届きません。そしていつか、足をすくわれてしまう。

吉野　実際に、二〇〇〇年時点での国民所得の平均を百として、この二十年の所得の推移を見比べてみたんです。当時の大阪はほぼ平均水準で、百をわずかに上回る程度でした。これ自体、大商圏である大阪にしては、物足りない数値です。ところが二十年経ってみると、東京は百三十くらいに位置しているのに、大阪は九十五まで落ちている。つまり府民の所得は、この二十年間でグッと下がってしまったわけです。これをテレビで話したら、吉村知事は「知ったふうなことを言っているが、企業所得は上がっているんだ」と反論されました。じゃあ儲かっている企業は、その利益を投資や給与に反映しているのか、多くが内部留保じゃないか、と私が吉村知事に切り返すと、黙ってしまいました。おそらく、想定外の鋭い質問に絶句したのではないでしょうか。テレビの生放送では、このようなことが何度もありました。

西田　個人の所得までは分かりませんが、県民所得を出す場合、その県のＧＤＰをベースにします。だから個人所得と企業所得から県のＧＤＰを出して、それを県民の人数で割る、ということになります。この計算でいくと、たとえば滋賀県あたりは、意外なほど高い数値になります。大阪や京都の大企業がいくつも工場を建てて、操業していますから。ですから大阪の企業家が軒並み「景気が良い！」と上機嫌で、しかし府民の所得が落ちているということは、従業員に十分に還元できるほどの利益を上げられていない、つまりは吉野先生のおっしゃるように内部留保を貯め込んでいるのか、あるいは本当にＧＤＰが小さくなっていて人件費の削減に動いているのか、どちらかではないでしょうか。

吉野　ですが彼らは、私がおかしな点、疑問点を質問しても、判で捺《お》したような返事しか返してくれません。何かひとつのテキストというかマニュアルを信奉していて、それを丸暗記しているような印象を受けます。「ここ、おかしくない？」と聞かれて「え？　なぜ？」という疑問を持つこともない。「そんなことがあるか、これが正しいんだ」という考えに固まっています。あるいは、私があちこち噛《か》みつくうるさい奴だと思われていて、対策マニュアルでも用意してあるんじゃないかと勘ぐったりもしますが。

西田　さすがに「吉野マニュアル」はなかろうとは思いますが、ひとつの考えにとらわれてしまうと、なかなかそこから抜け出せない、という人はいますよね。

吉野　カジノの話に関連しますが、ＩＲの建設候補地である夢洲《ゆめしま》は、もともとゴミの最終処分場の埋め立て地として作られたものです。そこに大きな建物を建てることは、想定されていなかったはずで、地盤沈下や液状化の危険は高いはずです。これについて関係者に問いただした時も、通りいっぺんの説明を聞かされて、「いやそれは分かっている、私が知りたいのはその先なんだ」と突っ込むと、とたんに黙り込んでしまう。それ以上の知識がないのか、何か都合が悪いことがあるのか、分かりませんが。

西田　私も吉野先生の話を聞いて知りました。同じ埋め立て地といっても、たとえば関空の場合は、大きな空港を作る前提で設計されているし、作られています。だから事前にしっかり対策をして、相応の作りにしてあったはず。それでも地盤沈下は起こりました。

それに対して夢洲は、そもそも建物を載せる想定になっていない。そんなところに大規模施設など、危険極まりない。それこそ、メガソーラーシステムを置いておくらいしかないでしょう。

吉野　西田先生のおっしゃる通りで、関空はそれなりの対策を取っていたんです。大阪はもともと、淀川が運んだ砂や粘土が滞積してできた陸地です。地層のいちばん上には厚さ二十メートルほどの「沖積層《ちゅうせきそう》」と呼ばれる柔らかい粘土層、その下には「洪積層《こうせきそう》」といって、硬い粘土に砂や礫《れき》が混じった層が、厚さ二百メートルほど存在します。この洪積層がゆっくりと沈み込んでいるため、関空では九百本からある柱にジャッキアップシステムを組み込み、地盤が沈下すればその分だけ持ち上げる、ということを行っています。

ところが夢洲はもともとがゴミ捨て場ですから、関空のような対策など取ってはいません。なぜそんなところに万博やらＩＲやらの施設を建てようとするのか。その理由は「誰も住んでいないから」でしょう。そもそも住人がいないのですから、立ち退《の》きや区画整理の必要がなく、そのまま建物を建ててしまえば、体裁は取れるわけです。さらにいえば、何もない夢洲を開発するということになれば、それは新たな維新の利権になる、というわけです。

西田　そうした旨みがあるにせよ、もともとの土地の来歴というか、地質学的な点を考慮すれば、大規模施設を建てられる場所ではないわけでしょう?

吉野　大地震でも来たらひとたまりもない、それくらい危険だと思っています。ハザードマップを見ると、もしも南海トラフで地震が発生したら、静岡から高知あたりまで、壊滅的なダメージを受けます。大阪も梅田あたりまで、高さ十メートル級の津波に襲われる。淀川沿いの此花《このはな》地区は、いちばん大きな被害を受けます。そこまでは分かるのですが、大阪のハザードマップ上では、夢洲や咲洲は記載がないのです。

西田　それは、そもそも人が住んでいないし、住めないところだから除外した、ということでしょう?

吉野　ところが大阪府の解釈では「ハザードマップ上に記載がない」というんです。この地域は災害にも問題がない、と。「書いていないから、ない」という論法です。

西田　それは、大阪府が正式に出した書類なんですか?

吉野　はい、正式にＨＰに記載されています。

西田　それもすごいことだな……。もともと大阪は、大阪湾に砂が堆積《たいせき》してできた陸地なんです。だから海抜ゼロメートル地域が多く、生駒《いこま》山のふもとあたりまでは、昔は全部海だったといわれます。唯一、高さがあったのが、南は大和川から、北は大阪城までにまたがる上町《うえまち》台地。

吉野　低地が広がる大阪にあって、周囲から一段高く見晴らしが利き、しかも地盤が堅固だったことから、信長亡き後に秀吉が大坂城を築いたわけですね。でも本当に十メートル級の津波が来たら、台地を除いて大阪はほぼ全滅です。だからカジノで浮かれている場合ではなく、防災対策を見直すとか堰《せき》を作るとか、そちらに振り分けるべきだろうと思います。また万博にしろＩＲにしろ、作るのならば、たとえば旧万博公園など、内陸部でそこそこの規模を確保してやれば良い。夢洲でやるよりも、よほど安全です。

万博をやって、ＩＲを作って、そのための予算がすでに二千七百三億円、使われています。これからも、どんどん増えることは目に見えています。このお金を、地盤沈下し続ける底なし沼につぎ込んで良いのか。そこは声を大にして訴えたいところです。

ＩＲがはらんでいるいくつもの問題点

吉野　また、そもそも論として「大阪にカジノが必要なのか？」という大きな疑問があります。

西田　話の基盤になるところですよね。ＩＲはカジノだけではありませんが、やはりそこがいちばん大きな論点になるのは、他の候補地でも同じですよね。

吉野　カジノといえばラスベガスやマカオですが、これらの地はもともと何の観光資源もないところでした。だからこそカジノが必要だった、という面があるでしょう。しかし大阪はそうではありません。観光資源は至るところに、回りきれないほどにあります。日本の歴史や文化を海外の人たちに知ってもらい、楽しんでもらうには、最適でしょう。そこにお金を使ったほうが、よほど健全だろうと思うのです。

西田　確かにおっしゃる通りです。すでに大阪にある観光資源に、さらにカジノという資源が必要なのか、という疑問はあるでしょう。観光資源としてどうなのか、という議論もあるのではないでしょうか。

吉野　観光資源としてのカジノには、いろいろと問題があります。そもそも日本では外為法のために、持ち込める現金は百万円までと決められています。それ以上のお金を持ち込むとなると、いろいろと制限がかかってしまう。ですが世界のカジノで遊ぶプレイヤー、それも太客《ふときゃく》と呼ばれる層は、千万、億の単位でお金を使います。つまり日本にカジノができても、太客は日本には来ません。太客は面倒な手続きのない、マカオやマニラに行くでしょう。さらにいえば、海外のカジノシティにはいくつものカジノが軒を並べていますから、競争があり、それぞれにおもむきも違います。ですが日本ではＭＧＭリゾーツ一社が仕切っていますから、お客さんからすればカジノに他の選択肢がありません。遊び慣れているプレイヤーからすれば、面白みがありません。

西田　そのあたりは、運営側も考えているだろうと思いますが……。

吉野　もちろん考えてはいるでしょう。ただ、もともと海外からのインバウンドが主な対象だったのですが、途中で大阪府民をターゲット層とするよう、経営の方針を転回しました。結果、ポーカーやルーレットはほとんど置かず、約六千五百台のスロットマシンを主軸にするといいます。大阪でいちばん大きなパチンコ屋さんが二千五百台ですから、その二倍以上です。ここに、年間一千三百五十万人の集客を見込んでいます。

西田　一千三百五十万人というのは、けっこうな数字ですけれども、娯楽施設の想定集客数としては妥当なものなのでしょうか。

吉野　ＵＳＪが年間一千三百万人ですから、それを少し上回る程度です。

西田　それは、予測数としては盛りすぎな数字なのではないですか？　ＵＳＪとカジノでは、客層の幅が段違いでしょう。

吉野　おっしゃる通りで、ＵＳＪは子どもから大人まで訪れます。家族連れやカップル、中学生や高校生のグループ、修学旅行の団体もやってきます。全年齢を対象にできる間口の広さがあります。しかし、カジノにはそれがありません。それに、カジノは世界的に見てもオンラインカジノに移行しつつあります。イギリスではオンラインカジノが解禁されたため、リゾート型カジノの売上げが下がっていると聞きます。

つまり地盤沈下の危険が高く、その対策として永続的にコストがかかり、多くのお客をオンラインに奪われ、海外からの集客は望み薄、国内からも想定ほどの集客は見込めそうもない。さらに依存症の問題もあります。もちろん「対策はしっかりする」といわれていますし、吉村知事は「パチンコがあるのだから、カジノができても同じだ」という趣旨の発言をしていましたが、同じではありません。私は一時期、精神科病院の理事長をしていましたが、ギャンブル依存は、一度はまり込んでしまうと、簡単には治癒できません。症状を薬で抑え、欲求をカウンセリングでコントロールするのが精一杯で、「治す、元に戻す」ということが、きわめて難しいのです。これで本当に大阪経済圏の起爆剤になるのか。

西田　吉野先生が訴えておられる通り、これは起爆剤どころか手枷《かせ》足枷ですよね。施設を作って、人が来ないだけでも大打撃なのに、地盤の沈下という爆弾がありますし。

吉野　さらに、ＩＲのカジノは公営ギャンブルではありません。日本では賭博は禁止されていますから、官庁の監督下で運営することで、競輪や競馬といった公営ギャンブルが存在できています。ところがカジノは民設民営で行うので、利益は運営者であるＭＧＭリゾーツのものになります。大阪府としては、そこに税をかけるので大阪の利益になる、という話なのですが、それは税金の話です。実際の利益はＭＧＭリゾーツのものになる。つまり皆さんがカジノで賭けたお金は、アメリカへ流出してしまうのです。

夢洲での建設は、大いに無理がある

西田　それにしても吉野先生、かなり勉強しておられますね。驚きました。

吉野　ありがとうございます。やはり、府知事として立候補するからには、少しでも多く大阪のことを知っておかねばと思いまして。毎日大阪の自宅に帰宅してから、街頭演説やＴＶ出演の反応や反省から、深夜に三〜四時間くらいは勉強していました。江戸時代の文献から土木学会の資料、行政から発せられた各種の情報。現在進行形の課題や問題、その十年前、二十年前の状況など、調べてはまとめ、そこで出てきた疑問をまた調べ、裏付けを取り……という毎日でした。選挙は四月でしたが、二〇二二年の十一月頃から、神谷宗幣（参政党参議院議員）さんが「大阪府知事選に出るかもしれない」と話していたので。

西田　えっ、もともと神谷先生が出る予定だったのですか？

吉野　いいえ、神谷さんではなくて、参政党から知事候補者を出す、ということです。今だから言えますが、私に「出馬をお願いすることになるかもしれません」という打診もありましたので、その頃から大阪の歴史や神話のレベルから勉強はしていました。

西田 それはまた……ずいぶんな無茶振りですね。吉野先生だって、医院の経営があるでしょう？

吉野 まあ確かに無茶振りではありますが（笑）、政治家として成長の機会を得られたのですから、神谷さんには心から感謝をしています。今まで知らずにいたことを勉強する機会でもありましたし。私としては、何しろ土地勘も何もない大阪で、選挙を戦うことになるのですから、どんな鋭い質問をされても、即座に反応し、相手を論破できるほどの理論武装はしておかねばなりませんでしたから。

ただ大阪府知事選の話が出る前、そもそも参政党の入党の半年も前の二〇一九年、私自身は横浜市長選に立候補しようとしていました。横浜から国政へ、というルートを考えていたのです。

西田 横浜だったのですか。

吉野　はい、私は生まれも育ちも横浜ですから。私が最初に政治家を志したのは、二〇〇九年、当時の中田宏横浜市長が週刊現代のスキャンダル記事で辞職し、横浜市長に立候補しようとしたのが最初です。その時は家族や社員の大反対で断念し、その後二〇一一年の、当時の松沢成文神奈川県知事の辞職の時も、神奈川県知事選に立候補しようとしましたが、同じく家族に反対されて断念しました。そして二〇一九年、ＩＲで自民党が割れた時です。私はコロナやワクチンでガンガン真実を述べ、ネット界では超有名になっていましたから、「今度こそはイケる！」と思い、神谷さんに相談したら「吉野さんは、横浜市さえ良くなればいいんですか？　それより、来年行われる参議院議員選挙の全国比例区なら、日本を変えられるんですよ！」と説得され、参政党に入党して、選挙を戦ったのです。

吉野　二〇二一年の横浜市長選は蓋を開けてみたら、ＩＲの賛成派と反対派で自民党が割れて、その間隙を突く形で無所属の学者さん（編注：横浜市長・山中竹春理学博士）が当選しましたが。

西田　もしもあの時の横浜市長選に、参政党で立候補していたら、どうなったか……選挙にもしもは禁句ですが。

吉野　ともあれ大阪行きが決まったところで、クリニックの運営体制をてこ入れして、私が不在のままでも回っていくように準備しておきました。そうしたら、その月は過去最高の売上げを達成できました。

西田　それは「瓢簞《ひょうたん》から駒」といって良いのでしょうかね。いずれにせよ、そうしたことを実現できるほどの経営感覚は、政治の場にも必要でしょう。

吉野　私も同感です。ことに大阪の財務状況を考えると、経営的な知識と手腕を振り回せる人物をトップに据えないことには、迷走の果てに悪い方向に進みかねない。カジノの収益で高校無償化するというのは、お父さんがパチンコで勝ってきて、それで息子の授業料を払う、というようなものですし。

西田　まあカジノというのは、お金を誰かのポケットから別の人のポケットに移し替えていくだけですから。何かを作るという意味での生産性はほとんどありませんから、日本でやる意味がどれほどあるのか。それとマネーロンダリングへの対策をきっちり行わねばなりませんから、そのあたりの規則も厳しくしないと。そうなってくると、いったい誰がカジノに行くんだ？　という話になってきます。

ＩＲ構想が出てきた頃は、日本の景気が悪いから、海外からお客を呼んでお金を落としてもらおう、という発想でした。ですが今では、何千万と海外旅行者が押し寄せている。まあコロナ禍というアクシデントはありましたが、ＩＲ構想が出てきた頃とは、まったく状況が違うんです。それを無視して、無理押しするのが良いのかどうか。

吉野　神奈川県や北海道も、結局カジノは作らない選択をしました。

西田　だから大阪も、きっちり考えるべきなんです。百歩譲っても、夢洲でやるというのは無理が大きい。大阪万博であれば、開催期間は限られていますからまだ良いのですが、永続的な公共機関を作るというのは、リスクが大きすぎ、しかも危険度が高すぎます。

吉野　場所でいうなら、りんくうタウンであれば。あそこは堅い地盤をベースに人工地盤を設けていますから、地盤沈下の不安がない。一方の夢洲は、現地で働いている人たちによると、地盤沈下で作業場であるヤードそのものが傾いてきているそうです。

また万博にしても、施工業者の入札が鈍く、入札不成立が続いていました。二〇〇五年の「愛・地球博」と比べると、施工業者の選定の段階で、もう半年も遅れているのです。数年、数十年に一度という一大商機のはずなのに、応札する大手ゼネコンが少ないのです。これは「あの土地は危ない」ということを、関係者が知っているからでしょう。

西田　欲を出して仕事を取っても、後からクレームが発生したらかなわない。まさに「君子危うきに近寄らず」ですね。

吉野　夢洲での地質改良工事は今も続けられていますが、それがどれほどの効果を表してくれるか。万博もそうですが、ＩＲの開業はさらに延期されるのではないでしょうか。国の認定は受けたものの、地質改良の点で問題が表面化するのではと思っています。もしかしたら、工事中に「これは無理だ！」ということになるかもしれません。

私がゼネコンの立場だったら、受けたくない仕事ですね。「それでもやれ！」なんてことになったら、どうしましょう。延々と続く地盤沈下に対して、延々とジャッキアップしていくことになるのでしょうか。

西田　地質にフォーカスするなら、それこそりんくうタウンでやれば良かったわけでしょう？

吉野　いや、夢洲は大阪市で、りんくうタウンは泉佐野市なんです。松井さん（編注：前大阪市長・松井一郎氏）としては、夢洲でないとダメでしょう。何が何でも大阪市でなくてはならず、その建設の一角に松井さんご自身の会社も参加していたはずです。

西田　なるほど、分かりやすいほど分かりやすいですね。

吉野　ＩＲに関しては、夢洲の土地の入札にしても、不明瞭な点があるんです。まず入札を行うべく、大阪の港湾局が夢洲の土地の不動産鑑定を四社に依頼したのですが、四社のうち三社が提出した更地価格・月額賃料・利回りがすべて一致しているという、ありえないことが起こりました。しかもその更地価格が、平米あたり十二万円という異常な安さです。

西田　近隣の価格は、どうなのですか？

吉野　近隣でいうと、ＵＳＪは平米四十六万三千円、りんくうアウトレットが二十一万九千円です。これらの価格に比べたら、明らかに段違いの安値を出しています。沈下し続ける土地の危険性は、不動産や建設に携わる人間なら、誰でも分かることです。だから価格を思い切り安くして、入札を賑わせようとした……というところでしょうか。

どのような方策を取ったとしても夢洲は延々と地盤沈下を続けていきます。ここに永続的な建物を建てたら、ずっとメンテナンスし続けなくてはならない、ということです。これはまさに底なし沼に投資し続けることに等しい。私はそう見ています。さらに付け加えるなら、南海トラフを震源とする大地震が、今後三十年のうちに起こる確率は、八十パーセントといわれています。それでも、夢洲という底なし沼に建物を建て、投資し続けるというのか。もう正気の沙汰ではありません。

ＩＲに重なって見える、公営ギャンブル誕生のいきさつ

吉野　夢洲といえば、その近くに住之江競艇場がありますが、この競艇が登場した経緯も、現在のＩＲと重なるところがあります。

西田　競艇というと、笹川良一氏（編注：日本財団、旧・日本船舶振興会創設者。故人）ですか。

吉野　笹川氏は終戦直後、戦犯容疑を受けて、あの巣鴨プリズンに囚《とら》われていました。獄中でアメリカの雑誌を見てボートレースを知り、これは面白そうだというので、一九四八年の釈放後、ボートレース実施を推進していきます。その結果、競馬、競輪、オートレースに続く公営ギャンブルとして、一九五一年にモーターボート競走法が制定され、翌年には長崎で最初のレースが開催されます。ご自身に議員経験があり、旧軍部や政界との太いパイプがあったでしょうから、それをフル活用されたことでしょう。

西田　それにしても、自由の身になってから二年三ヶ月で立法までこぎつけるという

のは、かなりのスピードですね。

吉野　公営ギャンブルとしては、異例の早さだと思います。ただ、巣鴨プリズンが機能していた頃、アメリカ側の占領政策の転換、いわゆる「逆コース」政策がとられました。これによって、アメリカの利益になる活動を期待できる人物については、捕らえておくよりも活用すべし、ということになった。

また当時の占領政策のひとつに「3S」というものがありました。これは「スクリーン、スポーツ、セックス」を意味し、これらの要素に大衆の目を向けさせ、政治に関心を持たないように仕組もうとする、一種の愚民政策です。その政策にマッチする競艇が公営ギャンブルとして成立するまでには、いろいろと問題は起こったようですが、それでも異例の早さで立法、開催まで至っている。その背景には一九四七年に創設されたCIAも絡んでいて、実は笹川さんはCIAのエージェントになる見返りに釈放されたのだという説も、根強く信じられています。

競艇そのものの目的としては「地域経済の振興による戦後復興の支援、庶民への娯楽の提供」というスローガンが掲げられていましたが。

西田　競艇が始まるまでの経緯については初耳でしたが、最後のスローガンについては、ＩＲとかぶるところがありますね。

吉野　松井一郎氏の父親である松井良夫氏は、その笹川氏の専属の運転手だったのです。そして松井良夫氏は政界に転じ、競艇が隆盛を迎えた七十年代初頭には、大阪・八尾市議会議員、その後は府議会議員として地方議会で活躍されています。おそらくこの頃に、公営ギャンブルの利益の大きさを目の当たりにしていたでしょう。

また息子である松井一郎氏自身、学生時代はかなり荒れていて、どうしようもない不良っ子だったようです。これはご本人も話していますね。ケンカに明け暮れていたようで、通っていた工業高校を退学になってしまい、仕方なく転校した先が、福岡工業大学の附属高校です。この学校の当時の理事長が笹川氏でしたから、なんとも奇妙な縁を感じざるを得ません。

学校を出た松井一郎氏は電気業界に入ったのち、父の良夫氏の会社を引き継ぎます。

と同時に「公営ギャンブルは儲かる」という思想も、良夫氏から受け継いだのかもしれません。

大規模事業に絡む、構造的な問題

西田　吉野先生のお話を伺っていると、どうもきな臭い話ばかりという印象を受けますね。

吉野　実際に、そうなんですよ。ことに大規模事業に絡む話……先ほどのメガソーラーやＩＲの件となると、うさん臭さが目に付きます。

万博やオリンピックもそうですよね。二〇二五年開催の大阪万博は、当初予定では運営費を八百十億円と見ていましたが、これは日本国際博覧会協会の石毛博行事務総長によって、すでに「上振れの可能性がある」と予測されています。東京オリンピックでは、招致の段階では「コンパクト五輪」を前面に押し出し、当時の猪瀬直樹都知事は「東京五輪はカネのかからない五輪になる」と胸を張り、当初予算を七千三百四十億円と見積もりましたが、蓋を開ければ二倍以上の一兆六千六百四十億円にまで膨らみました。

西田　車やマンションを買う時に、いざ支払いの段になって、見積もりの倍以上の額を請求されたら、それはすでに詐欺の領域ですよね。

吉野　結局、東京オリンピックは過去最大の予算規模となってしまった。それが見えてくると、「コンパクト五輪」というキャッチフレーズはいつの間にか「復興五輪」へにすり替えられ、さらに追加費用がかかることが分かると、「インバウンド五輪」へと衣替えしました。震災被害から立ち直った日本に、海外からも多くの人々に来てもらいましょう、そのためにも五輪を盛り上げましょう……という話になったのです。そう言いながらもコロナ禍で五輪は一年間、後ろ倒しされ、インバウンドも思うに任せず……という状況になりました。

あのオリンピックで、いったいいくらのお金がかかったのか。組織委員会の布村幸彦・副事務総長は「個々の契約の詳細については公開をしていない」と答弁し、正確な費用総額ははっきりしないままです。一説には、三兆円を超えるという試算もあります。この国はいつも、この繰り返しなのです。先日、吉村知事も交えて討論会をやりました。彼はしきりに大阪経済の立て直しについて語っていました。それはとても重要なことですから、力を入れてくださるのは素晴らしいことです。しかし経済を立て直すならＩＲ、カジノしかない、万博しかないんだという意見には、私は反対です。さらに参政党もＩＲ反対、カジノは即刻中止の立場をとっています。私たちだけでなく、大阪府民、さらに日本国民全体が、政治に対してもっと厳しい監視の目を持たなければいけないと痛感しています。

西田　こうして見直してみると、いろいろなところに、さまざまな問題が潜んでいます。そしてほとんどの市民、有権者は、そうした問題を見過ごしてきました。というより、見過ごすように隠されてきた、というべきでしょうか。

吉野　それが維新政治の十三年なのだと私は思っています。とはいえ、終わってしまったことは今さら覆すことができません。森友学園もメガソーラーも、すべて話は終わってしまった。しかしIRはまだ道半ばなんです。契約にしても都道府県の段階で、国としての最終契約には至っていません（令和五年四月十四日に、政府に認定された）。国民が汗水垂らして働いて稼いだお金が、カジノを通じて外国企業に流れていくんです。即刻中止すべきではないですか？

大阪の人は昔から、新しもの好きで改革好きでした。良くも悪くも、古いものを壊して新しいものを作ってきました。もちろん、そのすべてが成功したわけでも、正しかったわけでもありません。ですが間違えた、失敗したと気づいた時に、すぐにやり直しができるのも、大阪人の気風だと私は思っています。維新政治の十三年をあらためて検証し、採点し、良かったところは評価し、ダメなところはダメだとはっきりさせる、その上で、新たな道、正しい方向へ、向かっていくべき時だと思います。

第2章

積極財政で日本を立て直す

財政再建か、積極財政か

政治家にこそ必要な、経営者感覚

吉野　昔の議会は、貴族院と衆議院に分かれていましたよね。貴族院は文字通り、皇族・華族、それに勅任議員。皇族方が登院されることはほとんどなかったようですが、やはり華族となると政治の補佐を世襲で数百年かそれ以上続けてきた方々ですから、一族の経験値としても、それなりの見識はあります。また衆議院についても、選挙権は二十五歳以上の男子で直接税を十五円以上納めた者、と限られていました。明治二十二年に公布された選挙法ですが、明治三十年の頃は、教員の初任給が八円くらい、現在の初任給は二十万円くらいですから、当時の八円といえば今の二万五千円くらいです。当時の農家などは現金収入がほとんどないので、事実上、経営者が立候補して経営者が投票した、というわけです。つまり議事堂に集まる議員のほぼすべてが、国家経営や企業経営に長けた人たちばかりだったのです。

それが大きく転換されて、誰でも立候補でき、投票できるようになったのは良いことです。しかしその一方で、経営感覚や大局観を持たない人たちでも政治家として活動できる、という弊害を招きました。戦後の六〇年代、七〇年代あたりまでは、まだ昔ながらの骨のある政治家が睨みを利かせていたと思いますが、今ではそうした議員も皆無に近くなってしまいました。

西田　確かに、政治家に経営感覚は必要な才能だと思います。その点でいえば、吉野先生は政治家としての資質は十分に備えておられるではないですか。医師という技術職でありつつ、医院経営を行って、しかも大きな病院経営の経験もお持ちなのですから。

吉野　医者というのは、だいたい八割が世襲なんです。まっさらなところから独立しようとしたら、自分で資金を貯めて、足りないところは製薬会社や医療機器メーカーから援助を受ける。美容系の化粧品メーカーがスポンサーについてくれることもあれば、宗教団体をバックにつける、というケースもあります。逆にいえば、開業するための資金調達の方法は、これくらいしかないんです。ただ私は、言いたいことを言っていたいし、クリニックも自分が良かれと思うように運営していきたい。ですから自分で働いて稼いだお金で、すべて賄《まかな》うようにしました。

なので、製薬会社もバックにいないし、医療機器メーカーもバックにいません。この対談の冒頭で申し上げたように、しがらみが皆無なのです。これなら、ワクチンがどうの製薬業界がどうのと、好き勝手なことを忖度なしで言えるわけです。資金面で誰かの庇護を受けてしまったら、その意向を酌まなくてはなりませんから。

西田　その「後ろ盾がない」という点を強みとして活かすことに加えて、やはり経営者目線、経営者感覚というものは発揮されますよね。

吉野　これまで多くの選挙が行われてきて、立候補者のプロフィールを見ると、会社経営者や医師、弁護士という方もお見受けします。ですが学者は研究するための資金、つまり国家や財団というパトロンが必要ですし、自分が経営者ではないサラリーマンの医師、弁護士といった方々が多い印象を受けます。それぞれが自分の事務所を構え、経営に携わっておられるのならまた違うと思うのですが……。自腹で組織を回していく覚悟と責任を負っているかいないかは、大きな違いです。お金に対する感覚も、違ってきますよね。決算書を何度もチェックして、どこに無駄があるのか、どこにお金をかければ収益を増やせるのか、常に考えて手を打っていくことが、その会社の先々の発展の種になります。それを知っている政治家と知らない政治家とでは、能力に大きな開きが生まれてしまいます。

この経営感覚のあるなしが、政策に対する評価や判断にもつながってきます。先ほどの地方交付税の話ではないですが、目先の利益にすぐに飛びつき、何も疑わないようでは、安定的な経営も将来的な発展も、望むべくもありません。これは企業でも自治体でも、同じことです。これがやがて「資金を支給すれば、みな納得してくれる」

という認識とつながり、バラマキ政治につながっていきます。

西田　バラマキも「やり方」というか、ばらまく対象によって、その成果が違ってきますよね。中に撒くのか外に撒くのか。

吉野　日米構造協議から始まる話ですね。

西田　それ以前から、牛肉やらオレンジやらの交渉があったわけですが、ここから日米の貿易バランスを壊しにかかられ、今もそれが続いている……という状況です。利益がすべて、国外に流出させられているわけです。ですから、これを協議前の状態に戻さなくてはなりません。

吉野　それを思うと、財政投融資はまだ良かった、といえるかもしれませんね。いろいろと批判され、確かに無駄な箱物も手がけていたかもしれませんが、必要なインフラ整備はできましたし、少なくとも国内でお金が回っていました。

誰かの財産は、別の誰かの負債である

西田　財政投融資は、何の問題もなかったのです。この話を整理すると「お金とは何か」という話になってくるのですが……。私の感覚では、この「お金」について正しくとらえているのは、おそらく国際金融資本くらいではないのかと思います。日本では有権者の方々はもちろん、政治家や経済学者、マスコミは、まったく理解していないように思います。

そもそもお金というのは、誰かの負債なんです。誰かの負債が、別の誰かの財産になっている、という関係にあるのです。

いちばん分かりやすいのは、銀行預金です。銀行にお金を預けると、今は雀の涙ほどですが利子が付きます。つまりお金が増える。そう思って、多くの人が銀行にお金を預けます。もちろんそれはそうなのですが、銀行に預け入れた分、手元のお金は減っているので、預金と現金の総額は変わりません。では、どうすればお金が増えるのか。

いちばん単純なやり方は、誰かからお金を借りることです。たとえば、私が銀行から一千万円を借りる。これは負債ではありますが、手元に一千万円のお金が増えることになる。この一千万円を、たとえば吉野先生に診療費か何かで支払うわけです。まあ、さすがに診療費で一千万はないと思いますが、私の預金口座はゼロになって、吉野先生の手元のお金は増えるわけです。

要するに、お金はじっと動かさずにいたのでは、増えていきません。積極的に投資する人が増えていけば、どんどん経済が回り、規模が大きくなっていくんです。これは戦後の高度経済成長の時期に、日本中で行われていたことです。借金をしてきて、投資をする。これを多くの人々が繰り返してきたことで、毎年のように経済が膨らみ、規模が大きくなっていきました。

吉野　民間の投資活動が活発で、十分な資金が動いているなら、国の介入がなくても、経済は順調に発展していくはずですよね。税収は増えるし、預金残高も増えていく。そしてさらに投資が活発になっていく。

西田　そうです、国はわざわざ国債を発行する必要もありませんでした。当時、世界のトップバンク二十行のうちの半分は、日本の銀行だったんです。しかも合併してメガバンクになるほうの都市銀行が、それほどの預金額を抱えていました。預金額の高さはすなわち貸付額の高さでもありますから、まさに「ジャパン・アズ・ナンバーワン」の時代です。

ところがその果てに、バブルの崩壊という大異変が起こりました。

吉野　こうなると、貸付残高の高さが徒《あだ》になってしまうわけですね。

西田　その結果、銀行が軒並み苦境に追いやられるのですが、それ以上に手痛い致命傷となったのは、ＢＩＳ（国際決済銀行）での「バーゼル合意」です。これによって、銀行の自己資本比率が四パーセントから八パーセントに引き上げられてしまった。この条件をクリアするためには、単純に資本を増やすか、あるいは貸付金を減らしていかなくてはならない。もちろん、急激な不況の中で増資はできません。結局、貸付金を大幅に減らすことで、相対的に自己資本比率を上げる、という行動に出ました。

吉野　その時の貸付金の減額というのは、どれほどの規模だったのでしょうか。自己資本比率を二倍以上に引き上げなくてはならないとなると、かなりの規模になるのではと思いますが。

西田　それは、個々の銀行によって規模は違ったでしょう。ただ銀行全体として、当時は六百兆円ほどあった貸付金が、一気に四百五十兆円くらいまで減少したのです。金額の記憶は少々曖昧ですが、おおよそ二百兆円から百四十兆円、それくらい縮小しました。つまり、世の中に流れているお金が、三分の一から四分の一程度、減ってしまったのです。結果は当然のごとく、大不況です。

本来ならば、民間の経済活動が縮小して不景気を呼び込んだのですから、代わって政府がお金を回し、経済を支える助けをすれば良かったのです。ですが、そうはなりませんでした。ほんの一瞬、政府からの動きはあったのですが、バブルの崩壊、経済の急激な縮小というショッキングなできごとを前に、社会全体が敏感になっていたのでしょう。「民間が債務の解消に向かっているのに、政府が負債を増やしてどうするんだ」という論調が高まり、政府も積極的な投資をしにくい状況になってしまいました。いや、そんな時こそ逆に、政府がお金を回していくべきなのですが、やはりお金について理解している人が、当時から多くはなかったのでしょう。

吉野　民間の投資拡大が見込めず、政府の積極的な投資も期待できない。これでは経済を回して景気回復を目指すことは望めません。景気回復が絶望的となると、今以上の税収も見込めない、ということになります。

西田　それでもやはり、医療や福祉を削るわけにはいきませんから、赤字国債で賄うわけです。結果、国の負債はどんどん増えていきましたが、それはバブル崩壊以降に失われた民間の負債、投資額には、まったく及ばないわけです。本当なら、経済が大打撃を受けたあのタイミングで、もっと大胆な経済対策を打つべきでした。ところがそこで二の足を踏んでしまったために、日本はその後の二十年、三十年を、低迷したまま過ごさざるを得ませんでした。政府発行の国債の残高は増える一方なのに、民間投資は冷え込んだままで、企業は内部留保を抱え込むばかりです。こうなってしまった大きな要因は、私自身はバブル崩壊よりも、バーゼル合意だと認識しています。あれは「ジャパン・アズ・ナンバーワン」を快く思わなかった勢力によって、日本を潰すために仕組まれたものだと今も思っています。

美徳とされる「質素倹約」の危うさとは

吉野　ここまでの西田先生の話を踏まえて経済政策をとらえてみると、コストの削減や負債の縮小だけでは、決して景気の拡大にはつながらない、ということが分かりやすくなると思います。増税なき財政改革、道州制、大阪都構想、いずれもインパクトのあるワードが並びますが、この言葉のイメージに惑わされてしまうと、その奥にあるロジックを理解しないまま、妄信的に受け入れてしまう可能性はありますね。

西田　言葉のイメージに左右されず、冷静に考える必要があります。そのことを、もう何十年にもわたって説き続けてきたのですが……ようやく自民党内が静かになったと思っていたら、維新がまた持ち出してきた。正直、「またか」という感情はあります。この維新の動きは置いておくにしても、お金というものがどういうものか、それを増やすにはどうするか、お金に関する基礎知識というものを、すべての人々がどこかの段階できちんと理解することは必要だと思います。

吉野　社会生活を送る上で必要不可欠なものであるのに、なぜか学校ではお金について学びませんよね。それどころか、お金を稼ぐ、増やすということが、まるで悪いことであるかのような扱い方をされる。私がいた学校も、そんな雰囲気でした。学生は学問が本分だから、働いてはいけない、だからアルバイト禁止。おそらく学校側、個々の教師にしてからが、お金の本質を理解していなかったのだろうと思いますが、そんな環境で思春期を過ごしていたら、生徒たちは「お金とは何か」を学ぶ機会を逸してしまうことになります。

お金の本質や意味を知らないまま、それでもほしいものがあれば、お金を稼がなくてはならない。バイクがほしい、ギターがほしい……そこで、さしてやりたくもないバイトを、嫌々ながらやるわけです。彼らが学校を卒業して社会に出るとなると、極端な話、一秒でも就業時間が短く、一円でも給料が多く、一日でも休みが多い会社を探すことになります。そこには、もうやりがいも生きがいもない。目先の利益には素早く反応するけれども、その裏側や本質を探ったり理解したりという行動が伴わず、反射的に手を出してしまう。今の時代は日本中で、そんな人々が増えてしまっているんじゃないかと、危惧《きぐ》しているんです。

西田　お金の本質、経済の性質については、もっと知ってもらう必要がありますよ。そうでないと、議論にもならない。お金がどのようなものか、どうすればそれが増えていくのかというところを理解しないと、それを現実に動かすことなどできません。

吉野　借金というとネガティブなイメージが先行して、避ける方向で考える人が多いようですが、それは信用創造であって、また大きな目で見れば投融資によって全体の資産が増えていく、ということにもなるのです。だから買い物ひとつするにしても、現金ではなくクレジットカードや電子マネーを使ったほうがいい。大きな買い物なら、ローンを組む。そのほうが、経済全体を回していくことに貢献できるのです。なのに「大きな買い物だからといって借金をするのは、いかがなものか」という論調が現れてくる。そこでブレーキを踏んだら、その先が立ち行かなくなってしまいます。確かに一般の家計であれば、無駄な出費を抑えて内部留保を増やして……というやり方が適しているでしょうけれども、これを国家がやってはいけません。

西田　ここでひとつ問題点を挙げると、日本人はお金が好きではないというか……お金を増やす、儲けるということに対して、漠然とした嫌悪感を持っていますよね。経済の仕組みは吉野先生のおっしゃる通りで、その仕組みに沿って人々が動いていけば、経済は回っていくわけです。ところが日本人は、そうした行動を嫌います。

吉野　学校でお金について学ぶことがないというのも、そうした国民性の表れかもしれませんね。

西田　これが欧米や中国であれば、お金を増やすということに躊躇《ちゅうちょ》がありません。どんどんやります。ところが日本人は質素倹約を良しとします。それはそれで、日本人の美徳のひとつだと思いますが、社会全体が倹約に向かってしまうと、その経済の仕組みが、動かなくなってしまいます。モラルとしては良いことではあるが、そのために経済という社会的な仕組みが潰れてしまいます。

維新が掲げる身を切る改革は、日本人的なモラルとしては、しごく真っ当なんです。無駄をなくして、効率化して、倹約しよう……というその主張は、日本人が根本的に持っている質素倹約のモラルに合致する。だから有権者にとっても、感覚的に受け入れやすい、賛同しやすいという面があると思います。しかしそれを社会全体でやってしまうと信用創造が起こらず、そのため投融資にもお金が回らず、経済が硬直してしまいます。要するにバランスが重要で、コスト削減だけでは経済の活性化は望むべくもありません。

一国の経済を動かす、素人集団

吉野　西田先生から「バランス」という言葉が出ましたが、積極財政と緊縮財政、お金を使う手法と絞る手法、そのバランスをとりながら上手に操縦していくためには、どうしても「お金とは何か、経済とはどういうものか」を、理解していないとできません。本来なら、それこそ学校で基礎教科として子どものうちから教えるべきだろうと思います。そこを十分に理解しないまま社会に出て、そこでようやくお金や経済というものを身近に知ることになります。だから表層的な部分にしか目が向かず、それで理解したつもりになってしまう。だから、断熱材を使えば景気が良くなる、なんてことを言い出す人が出てくる。

西田　断熱材……何ですか、それは？

吉野　行政が補助金を出して、家庭の太陽光パネル設置を奨励する。さらに高性能な断熱材を入れれば、電気代を大幅に節約できるから、景気回復の刺激になる。省エネ・

再エネで大阪グリーン革命、と主張をする人がいたのです。

先ほどもお話ししたことですが、明治の頃の議員はほとんどが、経済と経営を熟知した人たちでした。だから国力を増すためにはどうすれば良いか、ちゃんと知っていた。まず国軍を作り、製鉄所を作り、軽工業だけでなく重工業を充実させなくてはいけない。それには信用創造してどんどんお金を作って、産業振興に充てなくてはならない。そういうことを、皆理解していました。それが今では、まるで素人の集団が経済政策を振り回しているんです。

西田　確かに、明治の頃の議員のほうが、質の高い人が多かった気がしますね。家柄がどう、学歴がどうというのではなく、実学として経済や経営を理解している人たちが政治を動かしていた、ということでしょう。立派な学歴を持っていながら、実態の理解が追いついていない……というのとは、訳が違います。ところが民主主義というものは、数が力になりますから、選挙でより多くの票を獲得できないと当選できません。いきおい、誰にでも分かりやすい、大衆迎合的なアピールをするようになる。

となると、有権者の方々にとってイメージしやすいコピー、共感を得やすいキャッチフレーズが多用されることになります。まして質素倹約は日本人の根本的なモラルとして存在しますし、バブル経済の不毛さと崩壊による惨状の記憶もありますから、「投融資にお金を使おう」よりも「節約と効率化で、コストを抑えよう」という方向に向いてしまうのでしょう。

吉野　経済の仕組み、何をどうすればどうなるのかという部分を、教育していないという点が、いちばんの問題でしょうね。多くの人々が、お金、経済というものを間違ってとらえている。その状態でプレイヤーとして経済を手がけるから、間違いばかり起こす。もちろん、経済のプロフェッショナルだからといって完全無欠ではありませんし、不確定要素も入り込んできますから、時に失敗もするでしょう。ですが正しい理解のもとに行動するのとそうでないのとでは、結果がまるで違ってきます。現在は後者の状態であり、しかも間違いを正す人もいない、という状況です。これはやはり、教育の問題だと思いますね。

百兆円を生み出すヨシノミクス

増え続ける医療費を抑制するには

西田　そういえば吉野先生は、独自の経済政策をお持ちだと伺ったのですが、それはどのようなものなのでしょうか。

吉野　「ヨシノミクス」ですか。西田先生の前で開陳に及ぶのは、少々気恥ずかしいのですが、これは医療費を軸に、百兆円規模の資金を生み出そう、というプランです。

西田　百兆円とは、かなりの規模ですね。

吉野　ただしこの政策を実施するには、国民の皆さんの意識の変革が必要になってきます。

西田　それは、医療に対する意識を変えるということでしょうか。

吉野　医療もそうですが、それ以前に、病気と健康というところからの意識の変革ですね。そもそも……まあ感染症は別として、多くの病気は「ある日突然、病気になる」というものではありません。症状が表れるまでの、生活習慣に多くの要因が潜んでいます。それならば、病気が顕在化してから治す対症療法ではなく、病気の原因そのものに着目し、病気にならないような生活を心がける。つまり原因除去療法、一般的な言い方をすれば「予防」ということになりますが、こうしたやり方を取れば、病人の人数を抑えることができます。そうすれば、患者さんの心身の負担を抑えられ、医療にかかる時間とお金も少なくでき、国家が負担する社会保障費も抑制できます。

西田　過去、アメリカでも同じような話があったと思いますが。

吉野　一九七〇年代に出された「マクガバン・レポート」ですね。当時のアメリカではガンや心臓病の患者が急増していて、それが国家の医療費負担を圧迫していました。

そこで病気が増えた原因を探ってみたら、食生活が大きく関係している、ということが分かったわけです。

西田　現在の日本に置き換えてみると、確かに医療費の増大というのは、早急な対策が必要なレベルにまで膨らんでいます。

吉野　おっしゃる通りです。しかもその膨らみ方が、尋常ではありません。一九八〇年代あたりまでは、防衛費・教育費・建設費・医療費は、それぞれ約六兆円で横並びでした。ところが現在では、医療費だけが三十七兆円にも達してしまい、今なお毎年八千億円ずつ増えている状態です。

ですからまず自分の生活習慣を見直し「病気にならない生活を心がける」という意識を、国民の皆さんに持っていただくことが肝要です。

西田　しかしその状況から「百兆円を生み出す」というのは、どのような方策を使うおつもりなのですか？

吉野　ここから先が、医療制度の改革になります。その根幹は、東洋医療と西洋医療の統合……私はこれを「包括治療」と呼んでいますが、これを医療の主軸とすることで、現在の医療制度、医療のあり方が大きく転換します。たとえば現在、四十代半ばの人が、高血圧症の診断を受けたとします。西洋医療中心の現在の仕組みでは、当然のように降圧剤が処方され、これを生涯、飲み続けることになります。この患者さんが平均寿命あたりまで降圧剤を飲み続けたら、その治療費の総額は、一千万円を優に超えます。高血圧という症状の原因除去を行わず、対症療法を繰り返すことが、この出費につながるのです。

ですが東洋医療では、病気が発症する前、つまり「未病」の段階で原因除去の治療を行います。そうすることで発症を防ぎ、結果として発症後の治療をしなくて済むようにするのです。

西田　医療費のコストを抑制する……というより、そもそも医療費がかからないようにする、ということですね。まさしく「医療費の支払い」という症状を、未病段階で治してしまうというわけですか。

吉野　まさにその通りです。

医療費削減と国民の健康という一石二鳥

吉野　先ほども少し触れましたが、国家予算の一般会計百十兆円の中で、もっとも大きな比率を占めるのが社会保障費です。このうち、年金は必ず支払う約束をしているお金なので、一円も減らすことはできません。ですが約三十七兆円の予算を割いている医療費は、前述の包括治療を実施することで、一九八三年当時の六・五兆円まで減らすことができます。

西田　とても大きな可能性を感じますね。ただ、今の話を「机上の空論だ」と切り捨てる懐疑的な人も現れるかもしれません。

吉野　確かに国家規模でこのプランを実践するとなると、そうした反対勢力も声を上げるでしょう。ですが私のクリニックでは、実際にこうしたやり方をここ十年以上にわたって続けています。「検査と投薬を延々と続ける治療」から「治っておしまい」の治療にシフトし、それでうまく機能しています。

西田 それこそ、確固たる実績といえます。ですが……今ちょっと思ったのですが、吉野先生と同じような診療を行う医師は他にいないのでしょうか？

吉野 いないことはありませんが、医療保険の制度がネックになりまして。現在の保険制度では、保険診療と自由診療を併用することができません。ですから私のクリニックでは、全額患者さん負担の自由診療の扱いです。

西田 制度の上での問題であれば、対応できそうではありますが。

吉野 いきなり法改正というのは難しいとしても、医療特区を設け、実験的にやってみるという方法は有望だと思っています。減税などの優遇措置を設ければ、手を挙げる医療機関はあるでしょうから。

西田 それが実現すれば、医療費の負担を大きく軽減できますし、それ以上に国民の健康寿命の伸長ということにもつながりますね。

吉野　北海道の夕張市では、財政破綻で病院が閉鎖された結果、市民の寿命が長くなったという現象が起こりました。病院がないから、病気になったら危ない、だから日頃から養生しないと……という意識が、人々の間に強く働いたためだと見られています。この事実を見ても、対症療法だけに頼る医療では不十分だということが分かります。とはいえ、たとえ包括治療でも、末期のガンや脳梗塞による麻痺、認知症など、不可逆的な症状を改善することはできません。だからこそ、そうなる前に治療する、発症を防ぐことが肝要になるのです。

私のクリニックには、一生治らないといわれたクローン病などの自己免疫性疾患や、小児のＷＰＷ症候群（不整脈）、うつ病などの精神疾患の患者さんが、包括治療で寛解した、あるいは完治したという事例が数多くあります。これらの症状は西洋医学的アプローチでは治療が難しいものですが、包括治療ならば希望の光を見ることもできます。

西田　患者さんにメリットがあり、しかも結果として医療費の大幅な削減もできます。

吉野　そうです、この方法によって、百兆円規模のお金を生み出すことができます。このお金をどこに使うか……消費税の廃止か減税か、少子化対策か、あるいは国防費か。食料自給率向上のために配分するか。現在の日本は、お金が足りないところが多々ありますから、公正な審議を経て、その資金を配分すれば良いと思います。これが私が提唱する、ヨシノミクスなのです。

医療から政治への転回

代々の漢方医の家系に生まれる

西田　吉野先生はご自身が歯科医師であり、東洋医学も扱われています。そこから政治の世界へ……というのは、意外な転身だと感じるのですが、どのような経緯があったのでしょうか。まず医師を目指したところから、伺いたいのですが。

吉野　私は歯科医師であり、自分のクリニックで診療に当たっています。一方で鍼灸《しんきゅう》漢方医の家系の十一代目でもあります。昔は遠江国《とおとうみのくに》と呼ばれた静岡県の中西部で、西暦でいうと一七〇〇年頃から診療を行っていたことが、檀家の記録で明らかになっています。現代の西洋医学では歯科や内科といった診療科による区別がありますが、江戸時代までは東洋医学しかありませんから、さまざまな病気の患者さんを受け入れ、鍼灸と漢方で治療に当たっていました。私が子どもの頃は、曾祖父は鍼灸師として治療をしていましたし、祖父は薬剤師として漢方治療をしていました。私自身、子どもの頃には、そうした治療に慣れ親しんでいたものです。

しかし中学高校と進学するにつれ、自身が東洋医学の末裔であるということを忘れてしまいました。父が歯科医師であったことも影響して、いくつかの大学の医学系を受験したのですが、たまたま通ったのが岡山大学の歯学部でした。歯科を手がけるようになったのはそこからです。

西田　代々続けてきたやり方に反発しつつも、でも医の道を選ぶという点は揺るがなかったのですね。

吉野　それが、ですよ。歯科で必須になる麻酔には、実は鍼《はり》の技術が応用できるのです。それ以外にも、西洋医学に東洋医学のエッセンスを応用すると、効果的な治療ができる、ということが見えてきて、そちらが私のルーツだったこともあり、積極的に取り入れるようにしていました。ところがこれが、周囲の反感を買ってしまった。鍼灸も漢方も、科学的なエビデンスがない。エビデンスがないものは、信頼性がない。インチキだ、というのです。子どもの頃から親しんできたメソッドをインチキ呼ばわりされ、全否定されたのですから、さすがにこれにはムッとしました。彼らを黙らせるには、西洋医学の範疇でトップレベルのポジションを取るしかない。そう思い決めてからは、がむしゃらでしたね。

西田　周囲の反発をバネにした、ということですね。具体的には、どのようなことをなされたのですか？

吉野　私は歯科に関して、口腔領域の再生医学を研究していたのですが、まずこの分野で専門医になること。これは日本での最年少、最速のスピードでクリアしました。さらに研究発表と臨床で日本一の実績を積み上げ、英語の論文発表や海外での講演など、外に向けた活動も行いました。これは私の師匠の助けによるところが大きかったですね。日本でも海外でも、研究も臨床も、とにかく突っ走るだけの日々を送っていました。

でもある日、気づいたのです。自分が突っ走ってきたのは、東洋医学の素晴らしさを広め、知ってもらうためだった。いつの間にか、そこを忘れていた。そこに気づいた私は、自分が本来やるべきことをやろう、と足元を固めることにしたのです。

経営から医療への回帰

吉野　日本と海外を忙しく飛び回る生活が落ち着き、しばらくした頃に、知人からひとつの相談が持ち込まれました。実はある病院の経営が思わしくなく、再建に苦労している。なかなかに難しい状態なので、手を挙げてくれる人もいない。吉野さん、なんとか手を貸してくれないか、というのです。

私は再生医療なら得意ですが、病院の再生は未経験です。問題の病院は千八百平米の敷地に二百五十床を備えた結構な規模の精神科病院。これは少々難儀だなと思いながらも、理事長職を引き受けました。「なあに、生命組織の再生と同じだ。ダメになった原因を除去して、組織が再び機能するように誘導するんだ」と、自分に言い聞かせながら、がむしゃらに経理や財務、税務、そして経営を勉強しました。

西田　細胞も病院も、再生の原理は同じ、ということですか。

吉野　まったく乱暴な考え方ですよね。ところがこれが、意外と的外れではなかったのです。まずは現場の環境の整備、次に人事と財務の整理。これらの分野でボトルネックを解消して、最小の努力で最大の効果を生むように改善する。これが功を奏しました。スタッフがのびのびと、いきいきと動けるようになり、病院全体の雰囲気が明るくなって、経営も軌道に乗ってきました。最終的には二桁億レベルまで積み上がっていた負債も返済でき、健全化に成功。それが人づてに伝わって、あちこちから経営再建の依頼が舞い込むようになりました。

西田　経営セミナーもやられていたと聞きましたが。

吉野　経営者の方々を対象にした「吉野塾」というセミナーです。こちらの活動は十年くらい続けましたが、参加者の方々との交流の中で感じたのは、やはり経営は財政だということです。ですから政治について考えるなら、まず財政を見るのが第一だと思っています。

西田　優れた経営センスと知識がないとできないことですよね。でも吉野先生は、医師と経営の両方をしっかり手がけておられます。経営か医療か、どちらかに専念するという選択はなかったのでしょうか？

吉野　強いていえば両方です。それまでは医療の仕事に浸かっていたので、次は経営に力を入れようと考えました。

もともと私は東洋医学の中で育ってきて、その素晴らしさを体感しています。ですから現在の西洋医学一辺倒のやり方が、不完全なものに見えてしまうのです。若い頃にインチキ呼ばわりされたのは、現在の医師教育に、東洋医学が入っておらず、その実力を認識している医師がほとんどいないからです。しかしちょっと考えてみれば分かるのですが、西洋医学は対症療法です。炎症があれば薬で抑える。ガンがあれば病巣を切り取る。一方の東洋医学は、対症療法も行いますが、根治療法が中心です。なぜ炎症が起こったのか、なぜそこにガンができたのか、その原因を突き止め、取り除くことが眼目です。ですから東洋医学と西洋医学を組み合わせることで、理想的な医療が実現すると考えていましたし、そうした考えを周囲にも広めたいと思っていました。これは経営もまったく同じです。

政治の道への一歩を踏み出す

西田　医師として掲げた理想を周囲にも広め、共感を得ていくというのは、政治家の活動に通じますね。

吉野　政治への関心は、若い頃からあったのでしょうね。実際、二十代の頃から何度か「立候補未遂」をしているんですよ。先ほどお話しした二〇〇九年の横浜市長選の時は「このタイミングなら、いけるんじゃないか」と思って、立候補の記者会見をしよう、とまで考えました。ところが会場を押さえようとしたところで、妻に「何やってるの！　病院はどうするの！」と止められました。神奈川県知事選でも、また止められた。岡山でもやろうとしましたね。何しろ私には地盤もカバンも看板もありませんから、孫子の兵法の奇策をとるしかありません。

西田　常習的な未遂犯ですね。

吉野　二〇二一年の横浜市長選では、ＩＲ誘致の賛否を巡って、自民党が割れてしまった。これは勝機があると見て、性懲りなく出馬しようとしたのですが、その時にストップをかけたのが、神谷さんでした。彼は私に「吉野さん、横浜の人たちだけ幸せになれば良いのですか？」と言うんです。確かに私は日頃から、この国をなんとかしなくては、と言い続けてきました。ですから国政というのは視野に入っていたのですが、その前の実績作りということもあって、まず地方政治からと考えていたのです。それを話すと、彼は「来年（二〇二二年）には参院選があります。参院選なら、全国比例区がある。そこで全国に訴えるのです。私たちと一緒に、国政を目指しませんか」と説得され、よし、それならと乗らせていただいた次第です。

二〇二一年十二月からは参政党の共同代表として全国を回り、当初は八千人だった党員が十万人にまで拡大しました。

西田　あの時の勢いはものすごかったですよね。

吉野　当時は新橋の駅前で、手作りのお立ち台とメガホンマイクで始めました。毎週、月・水・金の街頭演説です。党からは、限られた中から最初だけスタッフを出していただいて、そこから先は私一人です。どれくらい聴衆が集まるか……と思っていましたが、意外なほどに集まってくれるんです。最初は二百人くらいだったでしょうか。

西田　実はそれを人づてに聞きまして、確かに参政党さんは良いことを言っているんだけれども、なぜあんなに人が集まるのだろう……、と不思議に思っていたんです。

私も毎週月曜日は京都で街頭演説をして、それから東京に来るのですが、私が何を話していても、めったに足を止めてくれる人はいません。皆さん忙しいですから、仕方ないだろうとは思っていましたが、ある時、気づきました。あの「魂の叫び」というキャッチフレーズが効いているんじゃないかと。

吉野　確かに、そのフレーズを使っていましたね。

西田　ああ、これかと。そこでそのアイデアを拝借しまして、私も「魂の街頭演説」をやらせていただくようになりました。動画で配信すると再生数は伸びたものの、街頭に人はなかなか集まっていただけませんが。

「なぜこんなに聴衆が集まるのか？」

西田　先ほど、街頭演説は週に三日というお話がありましたけれども、時間帯は決まっていたのですか？　それによっては人の集まり方も違うだろうと思いますが。
吉野　午後一時から二時というのが定番でした。クリニックでオペを終えて、それから大急ぎで新橋に向かう、ということが何度となくありました。本当は正午からできれば、お昼休みの人たちを狙えるんですけれども、私のオペの都合で決めました。それでも投票日の直前まで、新橋での街頭演説は三十三回やりました。地方も含めると、百三十三回。どんな土砂降りの日でも、欠かしたことはありません。それでも足を止めて、私の話を聞いてくださる方はおられましたね。
西田　何か、告知はされていたのですか？
吉野　フェイスブックやツイッターでの告知だけです。ただ毎週決まった曜日、決まった場所でやっていると、興味のある方は分かっていて、聞きに来てくださるようになりました。信じられないかもしれませんが、大阪から来た、北海道から来た、九州から来たという方も多数おられました。新橋の駅前という分かりやすい場所だったということも、良かったのかもしれません。多い時には七百人ほど集まってくださいました。

西田　すごいですよね。その吸引力は参政党だからなのでしょうか。過去にも従来の政党とは一線を画した、フレッシュな新党がいくつも登場してきましたけれども、目新しさだけでは人は集まってくれません。それとも吉野先生だから、という固定層というか、ファン層があったのでしょうか。

吉野　参政党に参加する前から、自分の意見をユーチューブやＳＮＳで発信していたんです。そこで私に興味を持つ方々が増えていったようです。ファンと言ってよいのかどうかは分かりませんが、少なくとも私の主張に興味を持ってくださる方々が増えていきました。ツイッターで約十万人、フェイスブックで五万人ほどのフォロワーがいましたから。私にとって街頭演説は、その延長だったような気がします。今から思い返してみると、参政党の紹介や政策の話よりも、日本の歴史や日本人の起源、食と健康の話ばかりしていましたし……。来てくださった方々にしても「コイツは何者だ、政治家じゃないのか？」という、不思議な興味があったのかもしれません。ただ、せっかく街頭に立つのだから、同じ話は極力しないと決めていました。ですから連続ドラマやオムニバス映画を観るような感覚で、いらした方も多かったかもしれません。

投票したい候補者がいないなら

西田　先ほど申し上げた通り、理想を掲げて周囲の共感を得て支持を広げていくというのは、政治家の活動そのものですが、吉野先生が政治家を目指した直接の要因というのは、何だったのでしょうか？

吉野　選挙のたびに投票所に出向いて、にもかかわらず多くの場合、書きたい候補者名や政党名が見つからない、という経験からです。

西田　多くの人々はそうした理由で選挙に行かず、それが日本の慢性的な投票率の低さにつながっているわけですが、投票しないという選択肢はなかったのですか。

吉野　これは人それぞれの考え方ですが、選挙や民主主義というものは、特にヨーロッパにおいては、多くの人々が血を流して必死になって、獲得した歴史があります。これを放棄するという選択はあり得ません。次に、投票所には行くけれども、何も書かずに白票を投じるという方法。入れたい候補者、政党がないのだという意思表示にはなりますが、白票はしょせん無効票で、そこに意味を見いだしてくれる人が行政側にいるとも思えません。何より、そうするしかない自分自身に悔しさを覚えます。だったら自分が立候補して、自分に投票すればいい。そして悔しさを噛みしめながら白票を投じている人々、投票に行かない人々の、受け皿になればいい。そう考えました。

西田　それはまた、すごい発想ですね。神谷さんとはどこで知りあったのですか？

吉野　二〇二〇年の春です。当時の私はコロナ禍とそれに対する行政や医療界の対応について、それはもう自分の倫理観・道徳観に基づいて、真実をSNSで言いまくっていたのです。もちろんすべて根拠のある話なのですが、もっと裏付けを取ろうとすると邪魔が入る。なら世間に発表してしまえと記者会見の手配をすると、会場から利用を拒否される。なぜこんなにおかしなことばかり起こるんだ、とユーチューブで訴えると、運営から警告を受けたあげくにチャンネルごと削除される。おかげで、それまでに公開した五百本以上の動画が、すべて消えてしまいました。それでもめげずに、新たなチャンネルを作って「なぜだ、おかしい！」と言い続けていたら、神谷さんが私に興味を持ったらしく、連絡をくださったのです。

それから神谷さんのチャンネルに招いていただき、食や医療についての動画を三十本ほど、やらせていただきました。

膨れ上がる一方の医療費を、どうするのか

西田　政治の世界ではずいぶんと前から、医療費の増大が問題視されていますが、それについてはどうお考えですか。

吉野　はい。現在の日本では財政の問題は避けて通れません。そして多くの方々が、それを金融問題や貨幣理論で片付けようとします。確かにそうした面もありますが、最大のネックが医療費なんです。現在、国家予算でもっとも大きな支出が、まさに医療費です。

実は一九八二年頃までは、ここまでバランスは悪くありませんでした。医療費、防衛費、教育費、建設費それぞれが、おおよそ六兆円ずつの予算を切られていました。それがいつの間にかぐんぐん拡大していき、今では三十七兆円です。さらに、別の科目で支出されている「高額医療費」まで合算すると、おおよそ五十兆円にもなるのです。四十年の間にここまで医療支出が増えて、では病気はなくなったのか、病人はいなくなったのかといえば、結果は真逆です。ことに糖尿病患者は、この五十年で五十倍にも増えています。ガンは検査法も治療法も進化しているはずですが、六十年で三・八倍に増えている。中でも不思議なのが肺ガンで、一九五〇年代と比較すると、喫煙者は六分の一から七分の一程度にまで減っているのに、肺ガンの件数は七倍にも増えています。

西田　まったく逆の結果になっているということですか。

吉野　もっと問題なのは、それが若年層に広がっているということです。三歳、五歳といった子どもたちにまでガンが広がっているのです。こうした幼いガン患者が、確かに増えています。新生児を除けば、十歳以下の子どもの死因は、軒並みガンが一位です。

西田　ガンというと酒とタバコ、それに加齢によってガンのリスクが高まるということはいわれていますが……。若い世代にも広がっているというのは、驚きですね。

吉野　十代から三十代までとなると、死亡原因の一位が自殺。これも別の意味で大問題なのですが、若い層へのガンの拡大も大きな問題です。乳ガンなどは、発病のピークは四十三歳前後ですが、二十代後半で発病する人もたくさんいます。ガン全体で見ると、一九七〇年代から五倍も増えています。

西田　一九七〇年代以降……というと、食習慣の変化でしょうか？

吉野　他にも要因はありますが、やはり食事がいちばん大きな要素です。これはWHOのレポートにも明記されているのですが、日本は完全に無視していますね。提言を無視しながらも、何もしないわけにはいかないと考えたのでしょう、これまでに「がん研究十カ年戦略」というような対抗策を打ち出してきました。

こういう対策は、さまざまな方面で実施されています。過去には交通事故死者が二万人近くに達した際に、多角的な対策がなされ、その結果、現在では年間三千人程度まで減少しています。ところがガンについては、政府が三回も四回も対策を打ってきたにもかかわらず、減るどころか増える一方です。そして医療費はどんどん膨らんでいって、今や社会保障費の国民負担が四十八パーセントです。

西田　誤解を招くかもしれませんが、これは日本人の死生観も関係しているのかもしれません。治療や延命措置を施しても、回復の見込みがない。こんな場合、欧米では無駄な処置をせず、それを天命として受け入れるケースが多いようです。ですが日本では、無理だと分かっていても、延命措置を中止するという選択はできないでしょう。

ベッドに横たわっている本人、そのご家族の考えや感情とは別に、医療機関側の姿勢というものも大きく関係しているのではないでしょうか。これは重い課題ですし、誰も触れたがらないデリケートな問題ですが、広く深い議論は必要でしょう。

吉野　ガンに話を戻すと、アメリカでは一九九〇年をピークに、ガンは減少傾向にあります。日本人の感覚だと、アメリカ人というとジャンクフードばかり食べているイメージがあるかもしれませんが、正反対の層の人々も多いんです。しかも国民皆保険制度の日本と違って、医療費が高い。ですから、うっかり病気にかかろうものなら、とんでもなくお金がかかってしまう。それだけに、予防意識が強いんです。

西田　それは日本との大きな違いですね。

吉野　たとえば私の専門である歯科領域では「八〇二〇運動」というものを展開しています。これは「八十歳の時点で、二十本の歯を残すように、若いうちから歯のケアをしよう」というものです。実際に八十歳で自分の歯が二十本以上あると、寝たきりになりにくいというデータが根拠になっています。

もともとは一九八二年に始まったのですが、四十年以上続けるうちに、実際に歯周病と虫歯の患者さんが三分の一にまで減りました。すると、どうなったか？　歯科医の平均所得も三分の一になりました。

西田　困ったことに、計算通りですね。

吉野　まあ、それはともかく、病気を減らすことで医療費を減らすというのが、いちばん効果的な対策です。西田先生がおっしゃった要素もあるにはありますが、全体から見ると、それほど大きな金額にはなっていません。また、先ほどもお話ししたように、高額医療費制度の出費は政府と地方自治体からの補助なので、正味の医療費三十七兆円とは別勘定です。ですから、この正味の医療費を抑えるためには、まず「病気にならない」策を打っていくことが肝心なのです。

小麦が日本人の体をむしばむ

西田　先ほどの話では、歯周病や虫歯が三分の一になったら、歯科医師の所得も三分の一になった……。つまり歯科領域の医療費が、それだけ抑えられたということですよね？

吉野　そうです。歯科医は、やれ歯を磨けとか甘いものを控えろとか、やたらうるさく言いますが、その結果として三十年かけて、患者数をここまで抑えることができました。

ところがガンに関しては、そうした積極的な行動や運動が見られません。今や三人に一人がガンに罹患《りかん》し、二人に一人がガンで死亡しているというのに、です。

西田　それは、原因が多種多様だとか、発病の機序が複雑だとか、そうした理由で対策を立てにくい、ということでしょうか？

吉野　そういう要素もありますが、まず大きな要因は食の変化です。戦後、アメリカから大量の小麦が輸入され消費されるようになりましたが、小麦の摂取量とガンの件数を比較してみると、ピタリと符合するんです。乳製品と植物性の油についても、まったく同じような関連性が見られます。さらに各種の食品添加物ですね。これら四つの使用量の増加と、ガン患者数の増加は、まったく同じカーブを描いています。花粉症をはじめとする免疫異常もそうですね。日本人の八割ほどは、小麦に含まれるグルテンに耐性がなく、何らかの異状が起こりやすくなります。花粉症の他にはクローン病や潰瘍性大腸炎、ガンもそうですし、リウマチやパーキンソン病なども当てはまります。これらの自己免疫性疾患は、戦後、七十倍八十倍というレベルで増えています。

西田　日本人にとって小麦は良くない、ということですか。

吉野　単純に日本人には合わない、とは言い切れません。ですからグルテンに耐性があるかどうかを調べることです。耐性があれば、さしたる問題にはならないでしょう。ですが耐性がないなら、避けるべきです。それと知らずに小麦由来の食品をバクバク食べて、病気になっている人はたくさんいます。これは酒やタバコよりも害が大きいと私はとらえています。

占領政策で導入された、小麦と植物油

西田　でも小麦を避けるとなると、食品業界のほとんどが、大きなダメージを受けることになりますよね。

吉野　製パン業はまず避けられませんし、うどん、ラーメン、パスタ、このあたりもダメです。乳製品も加えたら、食品業界は大打撃でしょうね。

西田　ですが、小麦と乳製品と添加物の使用によって、各種の疾病が増えていったという先ほどのお話は、なかなかリアルですよね。こうした食習慣の変化は、ＧＨＱから始まっているのでしょう？

吉野　はい、占領政策の一環です。当時の日本の栄養状況を改善するため……という

名目で、小麦と乳製品をベースにした食習慣を根付かせ、アメリカの輸出先にしようとした、ということです。またグルテンは、脳の快楽報酬系という回路を刺激するため、麻薬のように「また食べたい」という欲求が起こるのです。

西田 そう聞くと何やら恐ろしいですが、でもうどんならば、日本でも昔から食べられていたわけですから、危険なものという感じはあまりないですね。

吉野 そうです、昔から食べられてはいました。ですが小麦は、雨が少なく乾燥していて、霜の降りないところでないと育ちません。そのため栽培地域が限られていたのです。逆に日本で多かった大麦には、グルテンが含まれていません。

日本のいくつかの地域に見られるうどん文化や、関西の粉物文化を否定するつもりはまったくありませんが、小麦の中に含まれるグルテンと病気の関連は、すでに明らかだと思っています。私自身、パンやパスタ、うどんなどは一切口にしません。

西田 つまり、GHQによって変えられた日本の食習慣が、数十年という時間を経て、日本人をむしばんでいる、ということですね。確かにアトピーなんて、昔は今ほど多くはなかった印象があります。

吉野　ところが、そうした自己免疫性疾患に苦しむ方々が、私のクリニックにいらっしゃるわけです。私は歯科医ですから、内科の診療は専門の先生に任せていますが、カウンセリングにはできるだけ同席するようにしています。で、これらの患者さんの話を聞くと、小麦の摂取量が突出して多いんです。ですが小麦製品を遠ざけ、三カ月ほどすると、ほとんどの方が回復を果たします。食べるものを変えるだけで、こうした違いが表れてくるのです。

西田　でも欧米人の食生活は、ほとんどが小麦ベースですよね。彼らはなぜ大丈夫なのですか?

吉野　彼らはもともと、遺伝子レベルで小麦に合った体を持っているのですよ。日本人が米に合った体を持っているのと同じです。遺跡の発掘調査と放射性同位体分析から、ヨーロッパでは一万五千年ほど前から、パンのようなもの、すなわち小麦を食べていたことが分かっていますから、そうした食習慣に合った体になっているわけです。

こうした現象については、大東亜戦争の時の「抗マラリア遺伝子」の話が分かりやすいかもしれません。

西田　マラリアって、あの伝染病のマラリアですか。

吉野　そうです。あの戦争で、東南アジアに送られた日本兵は、飢餓と疫病による死者がとても多かったのです。中でも突出していたのがマラリアです。蚊に刺されて、マラリアに感染して亡くなるわけです。ところが現地の人たちは、たとえ蚊に刺されてもめったに死なない。それは抗マラリア遺伝子を体内に持っているからです。つまり長年にわたってマラリアのリスクにさらされ続けた結果、抗マラリア遺伝子を持つ人ばかりが生き残ってきた、というわけです。

これと同じ理屈が、食品にも見られるのです。小麦以外の例でいえば、たとえば植物性油脂に含まれる、トランス脂肪酸です。

西田　トランス脂肪酸という名称は聞き覚えていますが、あれは植物性の油の成分なのですね。植物性というと、オリーブオイルをはじめとしてヘルシーなイメージがあ

ります が。

吉野　すべてというわけではありませんが、トランス脂肪酸は多くの植物性油脂に含まれています。オリーブ油も物によってはダメですし、コーン油や紅花油にも含まれています。これらの油は、日本人との相性が良くありません。特に注意したいのは、ファストフードの揚げ油です。フライドポテトやフライドチキン、これらにはトランス脂肪酸がたっぷりです。

西田　トランス脂肪酸は、なぜ良くないのですか？

吉野　体内でうまく処理できず、残留するばかりか、アルデヒドという物質に変化して、それが発ガン性を表すからです。これもGHQの占領政策によるものなのです。終戦直後の時点では、日本人はあまり「揚げ物」には馴染みがありませんでした。せいぜいが、天ぷらです。これとて家庭料理ではありませんから、それほどひんぱんに食べられていたわけではありません。ところがGHQは「フライパン運動」というものを展開しました。

西田　名前だけ聞くと、何やら楽しそうですが。

吉野　今でいうキッチンカーを仕立てて日本各地を回り、フライパンで炒め物や揚げ物を作って、人々に試食させたのです。目新しいフライパンを使って、それまで日本人には縁のなかった「油っこい料理」を経験させることで、油脂類のニーズを高めようとしたのです。つまり狙いは小麦粉と同じです。

西田　数十年前のその占領政策に乗せられたまま、日本人は小麦や油を口にしている。一方のアメリカは、医療費を軽減させる目的とはいえ、自分の体と健康を考えて食べるものを取捨選択する人々が増えている。

吉野　アメリカでは本当に、食に対する意識は二極化しているという印象を受けますね。

第3章

自信を失わされた日本人に向けて

GHQに洗脳された戦後日本人

すり替えられた日本人の精神

吉野　私が懸念しているのは、食と健康に加えて、日本人の精神性の変化です。戦前・戦後を見比べた時、戦後の日本人は本来の精神性、心まで失ってしまったように感じています。

その面でいえば、ＧＨＱが行った政策の中で日本人の精神性を大きく揺るがしたのが、新嘗祭《にいなめさい》を勤労感謝の日に転換したことだと思っています。

西田　十一月二十三日ですね。

吉野　西田先生はすでによくご存じの通り、新嘗祭は天皇陛下が収穫の恵みを神に感謝し、供物として捧げて、自ら戴くという、重要な神事でした。ところがGHQは、あらゆる分野で国家神道の匂いを消し去ろうと躍起になっていましたから、収穫ではなく勤労に感謝する日、というふうに趣旨をすり替えてしまいました。本来ならその日は、食に対する感謝の日であったはずです。私たち日本人が、食事の前に「いただきます」と言葉を発する精神性の源が、そこにあったはずなのですが。

西田　この勤労感謝の日に象徴されるすり替えは、あらゆるところで行われたはずで、それが日本人の精神性の破壊というか、瓦解につながっていったように思うのです。

吉野　古事記や日本書紀に記された、海の神や山の神、その八百万《やおよろず》の神が田畑を耕したり海で漁をしたりして得られた収穫を、神とともに感謝し、神とともに戴く。そうしたストーリーが亡きものにされたわけです。

西田　食事というのは、単に腹を満たす行為だけにとどまりません。食材を育てたり収穫したりして手に入れ、調理し、後片付けもきっちりする。調理は慣れるまでは手間がかかるし、後片付けは面倒ですが、そこまでやらないと、食に対する感謝というのは、なかなか生まれません。コンビニで弁当を買ってておしまい、レンジでチンしてできあがり……では、食べ物のありがたみが薄れていくばかりです。ただこれについては、時代の変化とは別に、家庭での教育、しつけの問題も絡んできますよね。ことに食事への感謝の念や礼儀作法については、親の影響はとても大きいはずです。吉野先生のご家庭は、いかがでしたか？

吉野 それはうるさく言われました。子どもの頃は祖父母が健在でしたから、なおのこと。昔の人ですから、茶碗には一粒たりとも米を残すな、という具合でした。

西田 私も同じようなものでした。祖母と同居していたので。やはり明治生まれの人は、芯がしっかりしています。ものを大事にし、無駄にしない。それこそ飯茶碗は、洗わなくてもいいくらいにきれいに食べるのが当たり前でした。

吉野 私の静岡の実家の台所には、かまどがあったんです。ガスも引いていたんですが、ご飯はかまどで炊いていました。薪を斧で割って皮をむいて、それを燃やしてご飯を炊くんです。子ども心に「ご飯を炊くのはたいへんなんだな」と思ったものです。こうなるともう、うまいとかまずいとか、言えません。お百姓さんが働いてくれるからお米が食べられる、木を伐ってくれる人がいるから火を熾《おこ》せる、漁師さんがいるから魚を食べられる。まず感謝から始まるようになります。

西田　昔はそれが当たり前だったのでしょうけれど、環境さえ整えば、誰が教えるでもなく、自然にそうなるのでしょうね。

吉野　ただ、やがてかまどが使われなくなって、お米屋さんや八百屋さん、魚屋さんに代わって大きなスーパーができて、夜でも日曜でも開いているコンビニができて……という変化が訪れると、それまでの「当たり前」がガラッと変わっていってしまいました。たぶん同じ地元でも、私よりも五つか六つ下の世代は、私たちの世代とはまったく違う価値観を持っていると思います。ただ、単純に世代だけではくくれないところはありますね。たとえば神谷さんは私より十歳も下ですけれども、彼の中には古い時代の価値観が、しっかり息づいています。

戦後の日本を変貌させた、食習慣の転換政策

吉野　精神性の変化とともに私が力説したいのは、食と健康の関係です。私がドクターだから、ということもありますが、日本の食環境というのは本当に酷《ひど》い。添加物に対する規制から、食に対する人々の意識や知識まで、幅広い範囲にわたっての話です。もう、病気を作るために食事をしているようなものですよ。これは戦後の占領政策が始まりですが、日本の行政の問題でもあります。

西田　以前、先生がおっしゃっていましたよね。食品産業で使う油が体に良くないといって、使用禁止にした国があったとか。

吉野　タイですね。二〇一八年七月十三日公布、二〇一九年一月九日施行（出典：農水省ＨＰ）、タイ保健省は、カップラーメンをはじめ、多くの食品に使われているトランス脂肪酸を使った食品の、製造・輸入・販売が禁止されました。タイのスーパーの棚を占領していた日本製のカップ麺のほぼすべてが、一斉に姿を消したのです。

病気の要因、あるいはリスクを高める食品なり添加物なりを排除するというのは、政策としてもきわめて妥当だと思うのです。ところが日本では、そうはなりません。危険な添加物をはじめ、病気を呼び込むリスクを放置しておいて、症状が出てから病院に行く。そして医療費に税金をザブザブと投入して、医療費が増大している、大変だ、と騒ぐ。私からしたら「今さら何を言っているんだ」と思います。

西田　私もいつぞや、吉野先生の話をうかがってから、食べるものには気をつけるようになりましてね。主食は米、米飯を食べて、日本の伝統的な食生活に戻すのがいちばんなんだな、と実感しています。ただこれについては、私自身が戦後のアメリカ製教育を受けていたということと、私が小学生の頃、父がＰＴＡの会長をやっていたこともあって、食に関してはアメリカナイズされていました。「昌司、米を食っとると頭が悪くなる。明日からご飯やめて、パンを食え」ということを、実際に言われました。

吉野　ＧＨＱの洗脳作戦は、あらゆる方面で徹底していたようですから……。その国を支配するにはまず食を支配する。きわめて単純な方法ですよね。その罠に多くの日本人がはまってしまった。当時の状況を考えれば、それは仕方のないことです。識者や政治家の中には、その危険性を見通した方々もおられたと思いますが、逆らうことができない状況で、まさに苦渋の選択だったろうと思います。きっとどこかで、「このやり方は違うんじゃないか」ということを、声に出したかった人々もおられたと思いますが……まぁ経済が発展していった時期ですから、「今、声を上げなくても良いか」と、自分の主張を抑えていたのかもしれませんね。ですがそうこうしているうちに、当時のアメリカが望む方向に、日本は進んでいくことになってしまったのです。

その時、何があったのかを知ることから始まる

西田　吉野先生としては、戦後の占領政策で路線変更させられた部分から、正していきたいという考えをお持ちなのでしょうか。

吉野　その善し悪しを論ずる以前に、終戦以降の日本で何が行われたのか、まずそれを国民の皆さんに周知することが大事だと思っています。どういうプロセスで占領政策が進められ、新憲法が編まれ、国の形が作られていったのか。戦後の反動で勢いづいた左派的思想が、どのように広がっていったのか。さらには開戦前の世界の動向から始まり、なぜ日本が戦争へ向かわざるを得なかったのか、大国によってどんなシナリオが組み立てられていたのか、そうした事実をすべてきちんと知って、理解してもらいたいと思っています。

今も日本には「戦争を起こした日本が悪い」という考えを持つ人々が多くいて「日本のせいで戦争になって、多くの犠牲者が出た、だから戦争にも負けた」というような理屈が根強く残っています。もちろん正しい戦争なんかありはしないのですが。

西田　そう、連合国……というよりアメリカの占領政策によって、戦後の日本の方向性はかなり恣意《しい》的に歪められていきました。その部分を掘り下げていくと、当時のアメリカ大統領、ルーズベルトの背後にいた、共産主義者に行き当たります。彼らはルーズベルトの死後、政権周辺から追いやられていくのですが、日本の占領政策がとられていた時期は、まだ彼らが合衆国政府に対して強い影響力を持っていました。ですから日本に共産主義を広め、根付かせるための、多くの工作を行っています。それまで鉄道省が管轄していた「省線」から、企業体である国鉄へと移行させたのもそのひとつです。電電公社と専売公社、これらと並んで「三公社」と呼ばれる組織を作ったわけです。

吉野　いわゆる三公社五現業ですよね。しかし、これら国有事業を企業体に再構築することと、共産主義の普及が、どのように関連していたのでしょうか？

西田　労働組合の結成と、そこをベースにして生まれる活動を、国民に見せるためです。分かりやすくいえば、労働争議です。

吉野　省線であれば、そこに属するのはみな役人、官僚ですから、労働争議などとは無縁だったわけですね。

西田　さすがにそれだけを目的としていたわけではありません。戦後、居場所を失った元軍人、さらには外地から引き上げてくる復員兵の受け皿という意味合いもありました。ですがそれとは別に、企業化することで労使という対立軸を作り、そこで争いを起こすということが可能になるわけです。ですから左派色の濃い組合を作り、労働者の権利というものを声高に叫ばせたのです。

吉野 それまでお国のために、滅私奉公してきた労働者層を、自分の権利というものに目覚めさせ、それを雇用者に対して訴えさせるというのは、意識の大転換を可能にする大きなパフォーマンスでもあったのでしょう。

西田 そしてそのために、ストライキという手段を用いました。これは突き詰めれば、社会を混乱させるためなのです。新憲法にしても同じです。まあ、あれは占領基本法とも呼ぶべきものなんですが、そこで軍隊を持たないことを明言しています。当時の日本は占領下にありますから、当然といえば当然ですが、共産主義者からすれば、軍隊があると共産革命ができなくなる、というわけです。だから軍事力を持たないということにした。つまりは占領政策の多くがアメリカの意向によって行われ、その背後には日本への共産主義の普及浸透という目的があったのです。

吉野　ですがその後、朝鮮戦争が始まったあたりから、アメリカの政策転換が起こっていますよね。

西田　容共から反共へ、百八十度の転換です。ですがそれまでのアメリカは、確かに「あちら側の人々」によって支配されていたのです。ここをしっかり押さえておかないと、日本の戦後が見えてきません。

実は私は小学生の頃、アメリカというのは立派な国で、日本を助けてくれていると思っていました。どうしてこんな国と、戦争なんかしたんだろう。大人というのは馬鹿ばかりなのか、と思っていました。学校で先生に聞いたこともありました。すると先生は「西田君、なぜ日本が戦争をしたのか、それは大人になってからじっくり考えてみなさい」と答えました。そのやりとりを、私が議員になってから、突然に思い出したのです。三十歳を過ぎた頃でしょうか。

吉野　ずいぶん含みのある回答ですが、答えは出たのでしょうか。

西田　どういうことだったんだろうな、と考え直してみまして。ちょうどその頃にご面識をいただいていた、保守の論客として知られた西部邁《すすむ》先生にお尋ねしてみたのです。すると先生は「それは西田君、君の質問が間違っているよ。なぜ日本は戦争をしたのかではなくて、なぜアメリカは日本を戦争に仕向けたのか、と聞くべきだ」とおっしゃいました。

吉野　当時のことを語る時、「日本が戦争に邁進した時代」などと言われることがありますが、そんな単純な話ではなかったのですよね。戦争へ向かうよう、仕組まれていた。

西田　それからはずいぶんと自分で勉強しました。目からうろこが落ちる、という言葉を実感しましたね。なるほど、こういうことだったのか、と。これは多くの国民の皆さんに知っていただきたいところです。それにはまず、私たち政治家が事実を知り、理解しなくてはなりません。

医療の分野でも行われた、共産主義的改革

吉野　先ほど、アメリカ政府の背後に潜む共産主義のお話がありました。この勢力が日本の共産化をもくろみ、いろいろな工作を行ったということですが、実は医療の分野においても、そうした動きがあったのです。

日本ではご存じのように、すべての国民が健康保険に加入する国民皆保険制度をとっています。この仕組みが実現したのは一九六一年なのですが、ことの始まりをたどると、五五年体制が固まった頃には、すでに与野党すべての後押しのもとに進められていたものなのです。さらにその源流を探っていくと、やはりＧＨＱにたどり着きます。当時、占領軍の公衆衛生福祉局長として日本に赴任してきたクロフォード・サムス大佐……のちに准将として退役しますが、彼が進めていたのが、医薬分業でした。

医者は診察・診断するだけ、薬は処方も含めて薬剤師の担当。こうした分業制の実現を、熱心に進めていました。ところがその途中で上司であるマッカーサーがＧＨＱ

を去ることになり、彼自身も日本を後にすることになりました。また当時の医師会の必死の反発もあって、戦後日本での医薬分業は実現できませんでした。

もしも医薬分業が実現していたら、医療の現場では薬剤師の地位が現在以上に高まっていたでしょう。ですがそれとは別に問題なのが、医療の分野で製薬会社が大きな力を握ることになる、ということです。つまり製薬業界が日本の医療を左右する存在になる、というわけです。

サムス大佐は戦後日本の医療福祉制度の筋書きを書いた人物であり、同時に強い共産思想の持ち主でもあったといわれます。戦後の劣悪な衛生環境の中で、彼が残した業績を賞賛する声がある一方で、その思想に根ざした医薬分業、さらに、はるか後になって実現した国民皆保険制度など、共産主義的な制度の種子を残したといえると思います。

西田　いや、その話は知らなかったな。でも、当時の医師会が反発したというけれど、ＧＨＱに待ったをかけるというのは、当時としては相当の難事だったはずでしょう？

吉野　日本医師会の武見太郎さん、この方は功も罪もある人物ですが、この件に関してはＧＨＱに対して毅然と立ち向かった人々の一人です。

西田　占領下であれば、好むと好まざるとに関わらず、占領軍からの指示には従わなくてはいけない。それでもなんとか日本という国を守りたい、そうした精神を貫き通した人たちは少なからずいたのでしょう。

そうした人たちの発想の源は、大事なものを守るというところなのだろうと思うんです。家族に腹一杯食べさせてやりたい。それには金が必要だから、まず稼ぐ。いろいろな苦労をしながらも、働いて金を作る。それがうまくいったら、規模を広げる。会社にして、人を雇って、事業を大きくしていく。人を雇うということは、家族が増えるということと同じです。増えた家族を守り、一族郎党を守るところから始まって、それが国の発展に結びつく。ジャパン・アズ・ナンバーワンは、こうした過程から得られたポジションだったのです。

長期雇用、家族的経営。経営者や株主よりも、まず従業員に利益を分配する。このやり方が、小さな島国である日本を、世界の経済大国に押し上げた。実際に、当時は日本的経営というものがずいぶんと持てはやされもしました。

吉野　確かに当時は、そうした論調があちこちで聞かれましたね。今はまったく逆になってしまいましたけれども。

西田　バブルが崩壊して、思い返してみると、今までのやり方ではダメなんだ……と考える人たちが多かったのでしょう。「日本的経営」は古い、時代に合わない。競争に勝つことが第一で、成果を上げた者にそれに見合う報酬を出すのが正解だ。そうでないと、モチベーションも上がらない。そんなアメリカ式の競争原理主義を、もう三十年以上も続けているわけです。そろそろ冷静になって、起こったことは事実として受け入れ、反省とともにどうすれば良かったのかを検証し、向かうべき方向を見定める頃合いだろうと思うのです。

暴走するポリティカル・コレクトネス

LGBT法案がはらむ、デリケートな問題

吉野　二〇二三年六月、国会でLGBT法案が可決されました。西田先生は是か非かという二択とは別の立場で、この法案に向かっておられましたね。私は何かと揚げ足を取られるので、あまりこの話はしないようにしているのですが、日本の場合、戦国時代の衆道《しゅどう》というものがありますし、歴史的に黙認してきた文化だと思っているのですが、どうお考えでしょうか？

西田　その話を始めると長くなるけれども……。確かに吉野先生のご指摘通りなん

です。今さら理解を深めるとか差別はいけないとか、考えるポイントはそこではない。一神教の国だと「それは神の意志に反する行為だ」ということになり、糾弾され、差別や暴力、虐待の対象になる。となると、責められる側の人々を守らなくてはならない。つまり宗教上のタブーと生きている人間の自由との折り合いをつけるための、線引きが必要になる。それで法律が作られる、というわけですが、日本では少々事情が違い、昔から認められているわけです。そこにきっちりと線を引くような法律を、しかも性急にこしらえることが、果たして良い結果を生むのかということを考えていました。また、ＬＧＢＴＱの当事者の方と、当事者ではないけれどＬＧＢＴＱ問題に関わり、活動している方の違いを、肌感覚で感じています。そこに、微妙で複雑な問題があるように思っています。

吉野　どういうことでしょうか？

西田　運動・活動に熱心な方というのは、完全にリベラル。日本語では自由主義者と訳されますが、解放主義者です。既存の価値観や歴史観、さらには性別からの解放までも実現しようという思想を感じます。ユダヤ人ゆえに受けた迫害からの解放を目指し、共産主義を確立したマルクスに、思想的に通じるもののように思えます。
また興味深いことに、運動・活動に熱心な方は財政健全派が多いんです。コストを抑えて節約しよう、と。ですが法制定に対して慎重な立場を取る人、私もそうですが、こちらは財政拡大派が多い。

吉野　先ほど話に出てきた「しがらみのない世界」を求める意識も、根っこをたどれば、そうした解放主義的なところに行き着きそうですね。当事者の方々は違うのですか？

西田　当事者の方々の間では「放っておいてほしい」という意見が多いようです。自分たちは自分たちの良いようにやるから、ということなのでしょう。私自身、当事者の方からそうしたご意見もいただきました。

吉野　たとえは少々良くないですが、「痛くもかゆくもないのだから、大げさに騒いで腫れ物扱いしてくれるな」ということでしょうか。「理解が必要だ」とか「差別はいけない」という意見はもっともなのですが、今回の法案可決については、「当事者不在のまま進められた」という意見もあるようですし。

西田　ポリコレ（編注：ポリティカル・コレクトネス。特定のグループに属する人に不快感や不利益を与えないよう配慮して、政策や表現を決定すること）に引っ張られているんですよ。だから、きっちりと線を引いておかないと、不安になってしまうんです。ただ今回自民党が最終的に出した案は、絶対的なもの、強権的なものではありません。私自身は、もともと「法律を作るまでもないことだ」という立場ですし、それは今でも変わりません。ですが法律という器を作っておかないと、いつまでもこの問題が続いてしまう。ですから至らないところはあるかもしれないが、ここで法律を作って、ひとまず終了、ということにするべきだと考えたのです。

吉野　社会的な課題や問題は次々に出てきますから、それぞれにひと区切りを付けていく必要はありますね。

西田　あともうひとつの問題は、法律が何もない状態では、現実への対処がしにくいという点です。たとえば会社や旅館などの公共の場で、当事者の方のトイレや着替え、お風呂をどうするんだという課題にも、法律がないと個別対応になってしまう。ですから法律は作るけれども、そこは日本の歴史的文化的価値観も盛り込みつつ、ガイドラインをわれわれ政治家の責任で作る。そういうことです。

多様性への対応も、行き過ぎればマイナスになる

吉野　でも、近年至るところで使われている「多様性」というワードをベースにすると、LGBTばかりがクローズアップされるというのが、逆におかしなことにも思えてきますね。性の多様性という地平で考えてみれば、それこそ多種多様なのに。

西田　確かにそうかもしれないのですが、個人レベルで考えてみると、生きづらさを感じている人たちが増えている、ということではないでしょうか。自分はこうだ、だか

らこうしたい。でも周囲から認めてもらえない……というような。でも世の中、何でも自分の思い通りになるものではないし、むしろ思い通りにならないことが多い。それを知っているから、できる範囲で我慢して、周りとの調和を図る。良くも悪くも、これが従来の日本のやり方でした。

ところが今では、少数の人々が「生きづらい」と声を上げると、それに応えなくてはいけないと考える。あるいは、「こういう人たちが、生きづらさを感じているのではないか」と先回りして、ルールを変えようとする。要するに解放政策、リベラリズムそのもので、共産主義と表裏一体です。そしてこの動きが「そこまで必要なのか？」という、懐疑的な保守派との対立を生む。ルールやガイドラインを作るなら、こういう現実を理解した上でないと、ＬＧＢＴ運動の行き過ぎに対して終止符を打つことができません。

吉野　西田先生も、いろいろと誤解され、周囲から責められることも多かったのではと思います。

西田　二〇一六年に施行されたヘイトスピーチ解消法に関わった時も、そうでした。「お前は日本人を裏切るのか」などと、裏切り者扱いする人もいましたよ。つまりはヘイトを撒き散らかしたい人がそれだけいる、ということです。言論の自由の抑圧だという声もありました。でも、朝鮮学校の前まで行って、メガホンマイクで「朝鮮人は出て行け！」なんて、どこが言論の自由ですか。それこそ恥ずべき行為です。

ただこの法律は、「ヘイトスピーチを禁止する」というものではないんです。その目的は前文で述べられていますが、要約すると「差別的言動によって人々の間に亀裂が生じる状況を看過することは、日本にはふさわしくない。だから差別的言動は許されるものではないことを宣言し、人権教育や啓蒙によって、国民への周知を図る」としています。

吉野　つまりは「恥ずかしいことだから、やめよう」というだけの話ですよね。

西田　ある人の言動がヘイトにあたるかどうか、この個別の判断はなかなか難しい。そこで国が議論で示すことで、行政が常識的な判断を行えるようにする。これならへイト目的のデモや集会を、公共施設は使用禁止です、という判断ができるじゃないですか。

まあこの法律も、一部の人々からは「西田が、またとんでもない法律を作った」と言われますが、もう気にもしません。

第4章

政治家として国民に何を訴えていくのか？

失われた神話と近現代史を取り戻す

子どもたちにこそ読み聞かせたい、日本神話と昔話

吉野　ちょっと唐突な話になりますが、近頃では神話というのはあまり読まれないのでしょうか？　『古事記』や『日本書紀』などに歴史的資料としての批判があるのは分かりますが、神話には物語として素晴らしいものが数多くあります。

西田　「あまのいわと」とか「すさのお」とか……。昔は本屋さんに行くと、子ども向けの絵本が置いてありましたね。近頃は置いてないのでしょうか。

吉野　スサノオの話などは、泣き虫だった子どもの神様が、強くたくましい若者に成

長して、あげくにとんでもない乱暴者になり、天界から追い出されたけれども、怪物退治をして人を救う……というような、成長の話が多いんです。

西田 ヤマトタケルもそうですね。皇子《みこ》なのに西へ東へ遠征して、成長しながら蛮族や物の怪を平定する、というような。

吉野 西洋にはそうした話はあまり見当たりません。ギリシャ神話にしても聖書にしても、それぞれが役割を果たすだけです。ところが日本の神話は人間くさい神様が多数登場して、いろいろな経験をし、成長していく。架空の作り話ではあるのだけれども、そこに含蓄《がんちく》があるんです。

西田 昔話もそうですよね。こちらは教育的な意味合いが強いけれども。

吉野 「決して見てはいけません」と言われたら、覗くことはしないとか、悪人をやっつけるとご褒美をもらえるとか。でももらったご褒美は持ち帰って、お爺さんお婆さんにちゃんと渡すとか。集団の中で周りと折り合いをつけながら生きていくための方法論を、教えてくれているんです。こうした物語に子どもの頃から接していたら、生きづらさなんて感じなくて済むのではないでしょうか。

西田　そうした知識を広めていくのは、親の役目であり、また私たち政治家の務めでもありますね。

近代化、都市化とともに失われていくもの

西田　精神性の変化については、各家庭の環境に加えて、育った地域の土地柄というのも大きいと思うんですよ。言い方は悪いかもしれませんが、生き馬の目を抜くような都会よりも、のんびりと生活できる田舎のほうが、伝統的な生活と価値観が根強く残っていますから。

吉野　私は横浜出身とされているけれども、子どもの頃は長い夏休みや正月は、静岡の実家で暮らしていたんです。何もない田舎でしたから、のんびりしたもので、それ

で毎日のご飯もかまどで炊いていたわけです。ところがそこに、浜岡原発ができた。実際に運転が始まったのは、一九七〇年代の後半でしたか。これを境に、何もなかった周辺の環境が一気に変わりました。

西田　地元対策というやつですか。

吉野　まず道路が片っ端から舗装され、拡張されました。田んぼのあぜ道のようなところまで、きれいにアスファルトで覆ってしまった。下水道が整備されてトイレはどこも水洗になり、ガス管が引かれて、各家庭に湯沸かし器が付いた。茅葺《かやぶ》きの掘っ立て小屋のような家々が、どんどん小ぎれいな現代住宅になっていく。

西田　それはそれで、良い面はもちろんあるのですが、目に見えない部分で、大切なものがなくなっていきます。

吉野　当時はまだ子どもでしたから、その「大切なもの」に気づきもしませんでしたけれども。

西田　そういうことに関して実は私、面白い経験がありまして。もう十年近く前になりますが、東海道と中山道の旧道を徒歩で、それに奥の細道を、自転車でたどったことがあるんです。途中、山道もありますから、ふうふう言いながら自転車を押して歩いたり。

吉野 かなりの行程じゃないですか。ずいぶん思い切ったことをされましたね。

西田 当時、党内でちょっと揉めましてね。冗談じゃない、いい加減にしろと言って、役職を降りたんです。それで暇になったということと気晴らしと、あとはなんとなく、日本をこの目で見ておこうという気持ちも、あったかもしれません。

ただ実際に自分の足で歩いて、その土地土地の雰囲気や人々の生活感に触れていくと、「やっぱり、日本はいいところだな」と感じるんです。景色はきれいだし、何より昔ながらの慎ましやかな生活がそこにある。あれはいい体験でした。でも、行き会う人はお年寄りばかりだったから……まだ皆さんご健在でしょうか。古い時代を知る人がいなくなったら、伝統はそこで終わってしまいます。

吉野 私の静岡の家の周辺も、悲しい末路をたどっているようです。すでに浜岡原発は一号機と二号機が廃炉決定、それ以外も停止しているし、実家はなくなってしまい、周辺地域は廃墟のようです。ゴルフ場には人が来なくなって、今はコース場に大きなソーラーパネルが並べられている。前回の選挙で、あちこちに出向きましたが、地方都市はもう目を覆いたくなる惨状です。

西田　さらにミクロな視点で見ていくと、個人レベルでの価値観や思想も、大きく変化したと感じます。

良い悪いの話ではないとは思いますが、昔は「長男が家を継ぎ、家を守る」という意識が、暗黙の諒解として根付いていました。これは教育勅語の精神であり、家を守るための方法論のひとつでもあります。

ところが今は個人主義が強まり、長男だ次男だということには関係なく。「自分の生きたいように生きる」ことを良しとします。学校でもそう教わり、親もそのように子に教える。これは教育勅語とはまったく逆の、個人を活かすために家を潰しかねないやり方です。

吉野　私は長男でしたから、子どもの頃から「家督を継ぐ者」として教育されたところがあります。決してたいそうなものではありませんが、たとえば仏壇の仏様にお供えを上げ下げするのは、長男の仕事。その役を、父や祖父が私にやらせるわけです。すると私自身の中にも、「そうだ、俺は長男なんだからな」という意識が、自然に育っていきます。こうして代々つながってきたのだ、ということも分かってきます。周りにもまた、「敏明は長男だから、俺たちが盛り立てよう」という意識が働くのでしょうか。

西田　そうなると家族というコミュニティの中で、それぞれが自分の立ち位置と役割をわきまえて動く、ということが実現します。昔の日本は、こうした前提で動いていたと思うのですが、今はもう「そんなこと、せんでいい」という感じになっていますよね。これが日本を腑《ふ》抜けにしたと私は思っているんですが……。このことは、ちょっと大げさに聞こえるかもしれませんが「大和魂の喪失」にもつながっていると思うのです。

大和魂という言葉には、人それぞれに違った意味や定義が投影されているものだと思います。そのうちのひとつとして、私は「先祖伝来の価値観を損なうことなく、次の世代につなげていくこと」ととらえています。世の中は目まぐるしく変わっていくけれども、遠い過去からご先祖様が残してくれた思想や価値観を守り、次の世代へと伝えること。それもまた、大和魂のひとつの側面だと考えているのです。

吉野先生が先ほどおっしゃった「長男が仏様にお供えを上げる」なんてことは、まさにこれだと思うのです。そこには、難しい理屈はありません。近頃では何かにつけて「なぜそうなるのだ、理由を述べよ」とか「合理的な根拠が見当たらない」とか言う人が増えていますが、そうではない。「長男だからやる」というだけの話です。理屈を超越したところでの行動があり、その行動の中で自分の立ち位置を知り、周囲との関係性を知り、その調和に努めつつ、先人から受け継いだ精神性を後世に伝える、という行動が起こります。何の問題も不具合もありません。

ところが戦後教育にどっぷり浸った人の中には、そうした精神性を理解しようとする前に、破壊しようとする人がいる。私のすぐ近くにもいますよ。個人主義に凝り固まってしまって、実に厄介です。学歴はすごくて、学校の勉強はできたみたいですけれども、あれでは自分から不幸を呼び込むようなものだと思いますね。

自分のためではなく、子や孫のために働く

吉野　今、西田先生のお話を聞いていて、思い出したことがあります。二〇二二年の選挙の時、街頭演説でよく話していた、日本人の起源に関する話です。

西田　そんな話を、街頭でしていたのですか？

吉野　とても票につながる話ではないのですが。十回くらい、あちこちで話していました。

西田　どんなお話だったのでしょうか？

吉野　そもそも人間の起源は、アフリカ中央部で生まれたホモサピエンスだった。彼らはそれまでの類人猿とは違い、火を熾し、使うことができた。それがその後の人類の隆盛につながっていくわけですが、彼らが使う燃料は、木でした。

西田　いちばん手近ですし、まあそうですよね。石油も石炭もないわけだし。

吉野　彼らは家族単位でまとまって暮らしていましたし、肉を焼いたり暖を取ったりと、常に火は欠かせない存在でした。ですが森林地帯ならまだしも、草原や岩山のような地域でそれをやると、だんだん燃料が乏しくなってくる。狩りの獲物が減っていった、という事情もあったかもしれません。それで次の場所へ、次の場所へと移動していきました。ですがそんなことをやっていては、いつまで経っても同じことです。気候が良くて住みやすい場所であっても、食材や燃料が底をついてくれば、また移動しなくてはならない。そして、移動先が安全で住みやすい場所だとは限りません。

西田　当然、定住して生活することを考えますよね。

吉野　日本に渡ってきた日本人の祖先は、そうした考えを持っていたでしょう。縄文時代には、すでに植林が行われていました。遺跡から食用可能な樹木の根株が見つかっているそうですから、食料と燃料の自給のために、集落の周囲に植林したのでしょう。つまりは人工林です。

西田　今すぐには食べられないし、燃やすこともできないけれども、十年二十年と先を見越して、行動したわけですね。

吉野　種から育てた苗木を植えて、それが成長して実をつけ、さらに木材に使えるようになるまでには、何十年とかかります。一方で縄文人の平均寿命は三十年にも満たない。だいたい二十八歳くらいです。つまり幼い頃に父親と一緒に苗を植えても、その木が十分に成長するまでは生きていられません。自分の子どもや孫のために木を植え、育てるのです。その代わり、祖父や曾祖父が植えてくれた木の恵みをいただいて、自分が生きていく。

西田　いかにも日本的な発想ですよね。

吉野　これが好戦的な民族だったら、食料を蓄えている集落を襲って……という発想になってしまう。でも、それでは長くは続かないことを、日本人の祖先は知っていたんです。だから戦わなくて良いように、何十年も先の未来のために、行動した。私はこれが、大和魂の萌芽だと思っているんです。

また戦うにしても、何というか単なる殺戮《さつりく》ではないんですよ。かなり時代が下りますが、たとえば平安の世であれば、まず名のある武将が自ら進み出て名乗りを上げ、一騎討ちをする。いくさが終わればお寺を建てて、菩提を弔う。戦いに勝ち負けはつきものですが、勝ったからといって、負けた側を踏みにじるようなことはしません。むしろ命がけで戦った相手に対して、最大の敬意を払います。こうした思想は、長く植林をしてきたことが要因のひとつだと思うのです。モノも人も大切に扱う。今、目の前の自分の利益だけにとらわれない。祖父や曾祖父のおかげで、自分が木の実を食えるのだと思えば、では自分も子や孫のために働こう、という思考につながります。

西田　その通りだと思います。今あるものを最大限活用する、今できることを行う、というのは、日本人が得意とすることでしょう。私はあまり詳しくありませんが、日本は山林資源が豊富なのですから、それを使った新たな工業素材を作れたら、一気に資源大国に躍り出られるでしょう。

吉野　きれいな水に恵まれているというのも、素晴らしいことです。ところが戦後の占領政策が、すべてをぶち壊しにしました。米からパン食にして小麦を広め、油を大量に使わせ、新嘗祭を奪い、食の伝統を潰す。先祖代々も家族の序列も、すべて破壊する。自由と平等、個人主義、男女同権。いずれも素晴らしい思想ですが、副作用もあります。それが戦後の日本人を変質させてきました。

占領時の連合軍が「日本の力の源泉は大和魂にある」と読んでいて、それをたたき壊してやろうと考えていたなら、実に巧妙な作戦です。戦後数十年を経て、われわれはすっかりその罠にかかってしまいました。それを、元に戻していかなくてはなりません。

教えられたことを盲信する危険

西田　吉野先生のお話には、うなずくところが多いのですが、いつからそうした思想を持たれるようになったのですか？　何か決定的なきっかけがあったのでしょうか？

吉野　おそらく三十歳ぐらいからだろうと思います。何があったというよりも、それ以前から「こうだ」と信じ込んでいたことが、実はそうではないらしい、ということに気づいたからだと思います。学校で習ったことや周囲から聞かされてきたことが、真実とは限らない。そこに気づいて、自分でいろいろと調べ始めたからでしょう。

静岡から移り住んだ横浜は、当時は社会党が非常に強い地域でした。小学校の先生が「この戦争については、そもそも天皇が戦争責任を負うべきで……」なんて話を、生徒の前で堂々と口にするんです。先生が言うことですから、そりゃ子どもたちは「へえ、そうなんだ」と思いますよ。君が代は覚えなくていい、国旗掲揚など全体主義の象徴で、けしからん。万事その調子でした。

西田　よく分かります、私も京都ですから……それはもう、すごいものでした。

吉野　私の周囲にも、そうした人たちがいましたが、彼ら自身、おそらく「自分で調べる」ということをしてこなかったのでしょう。誰かから言われたことを頭から信じている。「盲信」のレベルです。彼らは頭が切れるから、私が何か反論しても「いや、そうではなくてこうだ」と、話をすり替えてしまう。自分が絶対に正しいのだという信念を、それこそ絶対に曲げません。まだ皆さんご存命なので、あまり踏み込んだ話はできませんけれども。

西田　論点をすり替えて煙《けむ》に巻くのは彼らの常套手段ですが、それもだんだん通用しなくなってきましたよね。現代はネットとＳＮＳの世界ですから、中学生でもちょっと調べれば、いろいろな情報が手に入ります。コロナ禍の騒動にしてもウクライナの混乱にしても、何が要因でなぜこうなったのか、角度を変えて調べてみれば、一般に言われていることとはまったく違う事実が見えてくるのですが。

吉野　教えられたことを鵜呑《うの》みにしないで、自分で調べて考えてみる、というアクションを起こしさえすればいいことです。ただ、分かっていてもそれをしない人というのは、やはり一定数います。

現在の教育システムでは、極論すると教科書に書いてあることをいかに多く記憶するかという点が重視されますから、いきおい「自分で推測し調査して、論を構築する」という行動がおろそかにされているように感じます。もちろん、そうした能力に長けた人もたくさんいるのですが。

西田　どうもインテリと呼ばれる人たちというのは、膨大な知識をお持ちなのは分かるんですが……。教えられたことを疑ってみるとか、別の角度から検討してみるとか、そもそも自分自身の知識に対しても「真実は違うかもしれない」という疑問を持ってみるとか、そういう発想に乏しいように思うんです。実にもったいない。能力値はとても高いのだから、その頭脳を別の形で使ってみればと思います。

吉野　やはり教育システムの至らないところだと思います。採用基準や各種の試験も、悪しき傾向を強める要素ではないでしょうか。公務員の昇格試験とか。一度レールに乗りさえすれば、そして順当に昇格して、余計なことはせずに仕事をこなしていれば、我が身は安泰だと考えるようになるでしょう。

西田 財務省あたりを見ていると、確かにそうした傾向は強いですよね。彼らは一様に優秀ですから、今私たちが話しているようなことは、先刻承知なわけです。でもそれを言ってしまうと、自分たちの立場がありません。だから否定します。

厚生労働省も同じです。先ほど吉野先生が話された、小麦のグルテンやトランス脂肪酸、食品添加物の話をしても、おそらく「有害性は認められません」などと、言下《ごんか》に退けられるでしょう。海外の事例や可能性などを並べたところで、一度検討して、結論が出たものを、あらためて検証してみるということをしません。すでに彼らにとっての「真実」ができあがっているので、それを疑うということをしないのです。それをやったら、組織ごと潰れてしまいますから。

リスクを恐れず、男として生き、後世に伝える

吉野　そこにあるはずの可能性に知らんぷりを決め込み、あえて考えないようにする。これは明らかに欺瞞です。自ら改善する様子が見られないなら、誰かがもの申さねばならない。それを言うために、私は前回の選挙に立候補したわけです。別に議員になりたかったわけではなく、これまで私があちこちで言ってきたことが、議員として発言することで、より広く遠くまで届くと思ったからです。

西田　ただ議員になることで、同時にリスクも生まれます。吉野先生は歯に衣を着せないタイプですし、おっしゃることの内容も、過激な……もちろん良い意味で、ですが、そうしたお話をされようとしている。つまりは、大きな反発をも招くことになります。

吉野　まさにそこです。議員だけでなく世の中の多くの人が、リスクを取らなくなってきています。大和魂が欠けているんですよ。そもそも女性は命がけで子どもを産み、

育てるのですから、その女性や子どもを体を張って、命がけで守るのは男の仕事です。

こんなことを言うと、またジェンダーハラスメントが、なんて騒ぐ人たちが湧いてくるんでしょうけれど、実際その通りじゃないですか。日本にはそれこそ縄文時代から育まれてきた精神性があるのですから、それに従って生きたいと願っています。私自身は日本男児として、また女性には大和撫子としてあってほしいと思いますね。もちろん「そんなのイヤだ!」という方にまで、無理強いするつもりはありませんが。ですが子どもたちや孫たちは、大人の背中を見て育ちますから。それを思えば、きちんと生きねば、ということになります。

西田 縄文人の植林の精神と同じですね。なるほど、まさに大和魂だ。

吉野 仕事や趣味や遊び方などは、何でもいいんです。生きがいがゴルフだったり釣りだったり、部屋にこもってゲーム三昧だったりで構わない。仕事だって、人様に迷惑をかけず、家族をしっかり食べさせていけるなら、何でもいい。ただそれは、言ってみれば人生における脇道、寄り道です。生きる目的は、人の生き方や生きる意味を、子や孫に示すことです。

西田　示す、というところが肝要ですね。「こういうものだ」と型にはめて教え込むのではなく、示す。子どもたちはそれを見て、成長してからも親と同じように振る舞う。でも型にはまったわけではないから、「本当にこれで良いのか？」と、ふと自分で考えてみる。

吉野　そして自分で考えた上で「やっぱり、親父のやり方が正しいのだな」と気づいてくれたら、自分が死んだ後になっても、自分の生き方を代々伝えていけます。

西田　昔の日本人の多くは、頭で考えることなく、こうした生き方を実践していたんでしょうね、きっと。

吉野　私の街頭演説になぜか人が集まってくれた理由のひとつに、こうした話をしていたということがあったのではないでしょうか。だいたい街頭演説で、日本人の祖先やら生き方の伝承やらを話す候補者なんかいませんよ。集まった方々も「何者なんだ、コイツは？」と思いながら聞いているうちに、皆さんスイッチが入ったのではないでしょうか。

西田　聞いている人を熱くさせる熱量があるのでしょう、吉野先生のお話には。類は友を呼ぶといいますから、吉野先生の周りにも、熱い方々が多いのではないですか？

吉野　熱いというか、これでも常温のつもりなんです（笑）。昔の日本人は皆、こんな人ばかりだったのだろうと思いますが、最近はほとんど見かけません。神谷さんくらいでしょうか。

西田　私が彼に初めてお会いしたのは十年ほど前で、衆院選に自民から立候補した時でした。若いけれども熱量がすごくて、目がキラキラと輝いていたのがとても印象的でした。その時は惜しくも落選してしまいましたが、あの後はどうするんだろうと見ていると、自分のやるべきことを見定めたようで、地味ながら着々と歩みを進め、参政党を立ち上げて今は議員として活躍しておられる。大した男だ、という印象を持っています。

吉野　私も、彼には尊敬の念を感じています。

西田　それに参政党には、吉野先生と同様に外部アドバイザーとして武田邦彦先生（元参政党共同代表）がおられます。武田先生は名古屋大学大学院の教授だった頃から、環境問題の間違いを指摘する著書をいくつも出されていて、反発を恐れずに問題提起をされてきました。

吉野　武田先生は発言がセンセーショナルというか、インパクトが大きい言い方をされるんです。そのため反発を受けやすいけれども、その本質は表面に表れるものよりもはるかに深いところにあるんです。

西田　まあ、すごい人材が集まっていますよね、参政党には。

この声を、広く遠くへ届けるために

吉野　いろいろな話をさせていただきましたが、人の生き方や教育や、さまざまな問題の根っこというか、下地にあるのは、食習慣だと思うんです、私は。

西田 それは確かにそうですね。人は食べるもので変わっていく部分はあると思います。

吉野 実は、私は今でこそ食に関して一人前のことを言っていますが、子どもの頃はインスタントものをやたらと食べていたんですよ。これは母親の影響で。母はインスタントものが大好きでしたから。

西田 お若い頃にはそういったものがなかったわけですから、物珍しかったのかもしれませんね。

吉野 ところがそんなものばかり食べていたためか、アレルギーが酷かったんです。病気がちでね。ところが大学に入って一人暮らしを始めて、節約のためもあって自炊生活を始めたんですよ。米を炊いて、自分で料理を作って。そうしたら体質が変わったのか、あらかたの病気が治ってしまった。当時はまだ若くて、たいした知識もなかったので分からなかったんですが、これがまさしく食養生だったわけです。その後、ドクターになってからこの経験を活かして、病気の治療の前にまず食を変えるということをやってみたんです。これは十数年かけて膨大な結果が出ていますので、確信しています。

人の心身の健康を作るのは食事です。また食事に関してはいろいろな力関係が作用していて、これも調べてみると隠された事実というものがかなりある。多くの人々は本当のことを知らされず、日々自分の健康を害することを続けています。そんなことを神谷さんと話していて、だったらその事実を広く遠くまで伝えるために、選挙に出よう、という話になったわけです。

西田 なるほど。それで吉野先生ご自身、今後政治の道はどうされるおつもりですか？

吉野 政治家という職業にとらわれてはいませんが、政《まつりごと》に関わる活動は続けるつもりです。また機会があれば選挙にも出るかもしれませんけれど、そこは参政党の方針に従いますね。ですが神谷さんはじめ、参政党と関わりを持ったことで、多くの方々とのつながりができましたから、できることなら参政党としての仕事をしたいです。

西田　私が属する自民党は決して一枚岩ではなく、自民党という大きなくくりの中で、皆さん多様な考え方を持っています。参政党さんは私の考えによく似ているんですよ。

吉野　私の個人的な思想としては、結党当時の自民党、あれがいちばん正しいと思っています。自主憲法の制定は第一の課題ですし、自国の防衛組織も持たなければならない。歪んだ教育制度も正すべきです。

西田　当時の自民党に関わった人たちは皆、戦前を知っていますから。また憲法について言うなら、私は十七条の憲法、あるいは教育勅語だけあればいい、と考えています。これらをモラルとして定めておけば、そこから先のルールは、勝手に生まれてきます。

吉野　それこそ日本ならではの、歴史的かつ文化的な価値観の表出ですね。

西田　そうなれば、現在教育の現場で行われている、点数をつけて順位付けしたり、争うことで勝敗をつけたりといったこととは無縁の世界が実現することでしょう。

国民へのメッセージ

失ったものを、今こそ取り戻すために

吉野　最後に、私たちから読者の皆さんへのメッセージをお届けしようと思います。現在、私は議員バッジをつけていないので、政治家というより政治活動家です。その分、有権者の方々に近い立場にいるわけです。その立場でいえば、国民の皆さんには、知ってほしいことがたくさんあります。いろいろな問題について調べ、意外な事実に突き当たるたび、知らなかったことが多いことに気づきます。

ですがいちばん重要なものは、やはり教育です。現代の教育現場ではどうやら、間

違ったことを散々教えられるらしい。それが間違った価値観を生み、言いたいことを言いちらかして言論の自由だという。周囲への配慮など、お構いなしです。

ですが日本人は古来、調和の中で生きてきました。「和を以《もっ》て貴しとなす」が伝統的精神なのです。それを理解し、その精神で人にも事にも対すれば、ＬＧＢＴのような問題も、すぐに解決してしまいます。

また、若い方々におすすめしたいのは、神話や昔話に親しむことです。作り話だと思ったとしても、その物語から得られるものはたくさんありますし、精神性を磨くには最適と思います。

生きづらいのは世の中の常だと思えば、周囲と折り合いをつけていく知恵も生まれますし、自分がどんな人間かを知れば、生きづらさも軽くなると思うんです。そこを手助けするのが、政治に関わる者の役目だろうと思っていますし、私自身、そのための活動を続けていくつもりです。

……では西田先生、お願いします。

西田　教育の重要性は、私も痛感しています。私の政治の原点は、子どもの頃の疑問……なぜ日本はアメリカと戦ったのか。その答えを求めていくと、なぜ戦後にこうなったのかという新たな疑問に行き着きます。これは、調べれば答えは出てくるのですが、現在の教育では、ここを素通りしている。だからそこを正すべきなのです。

今は亡き安倍晋三総理は、憲法改正をご自身の政治課題にしておられました。ただ私は、戦後の日本人が失ってしまった歴史観を取り戻すことが目的なのです。そうすれば、自然と「では現在の憲法はおかしいから、改正しよう」ということになります。ですからまず、失った歴史観を構築し直すことです。盧溝橋《ろこうきょう》事件がどのように起こったのか。日本の行動は一方的な侵略だったのか。なぜ戦犯が指名され、東京裁判で裁かれたのか。これは「先に攻め込んだほうが悪い」という単純な話ではなく、その背景となる膨大な事情が、ひとつひとつの事象に絡んでいます。まさしく現在のウクライナ情勢と同じです。

歴史上のできごとの多くは、こうした複雑怪奇な事情の結果として表れます。ですから結果から単純に逆算するだけでは、本質にたどり着けません。そのことを常に肝に銘じて、政治家としての活動に当たらなくてはと思っています。あとはやはり、自分が間違えている可能性を常にわきまえておくこと。それと、事実を事実として情報発信し、広めていくことです。たとえ一パーセントにしか届かなくても、すべての日本人を相手にすれば、百万人に届く勘定です。それだけの人々に届けば、そうした活動を続けていけば、必ず日本は変わると信じています。

あとがき

私は二〇二三年四月九日投開票の大阪府知事選に参政党公認候補として立候補した。維新政治の闇、とくに夢洲の沈下問題とカジノの闇、そして非常に不明朗な経緯で秘密裏に始まった咲州のメガソーラー、さらに選挙終盤戦では万博の開催が日程的に極めて困難であることを訴えた。結果、残念ながら得票数四位（十一万四千七百六十四票、得票率三・五％）で現職の吉村洋文氏に私は敗れた。この統一地方選で身を切る改革というキャッチコピーで維新は躍進し、大阪府知事選と大阪市長選のダブル選に勝利した大阪維新の会は目標の市議会過半数を初めて達成し、過去最多の四十六議席を獲得し、大阪府議会でも前回に続き、過半数となる五十五議席を獲得した。そして、四月の奈良県知事選で初当選した大阪維新の会の山下真知事は今年度予算の一部事業を見直し、七十三億五千万円を削減する行財政改革案を発表した。今年度予算は荒井正吾前知事が編成しており予算執行を一時停止していた二十項目のうち、奈良市の平城宮跡歴史公園を横切る近鉄奈良線の移設を見送るなど、十五項目の事業費をカットする、さらなる身を切る改革を実行してしまったのだ。大阪府と同様に、奈良県でも捻出した財源は公約に掲げた高校教育無償化などに充てる方針なのだ。選挙期間中は、テレビ・新聞を始めとする従来のメディアはこれらを殆ど報道しなかった。私が街頭演説で必死に訴えたにも関わらずだ。

ところがである。選挙が終わって数か月後からは、万博開催が極めて困難になったことを皮切りにギャンブル依存症、地盤沈下、そもそも経済効果が無いのではないかといった問題をテレビや新聞も公然と報道し始めた。

さらには、教育の無償化も批判が始まっている。当の大阪の私学の高校が完全無償化に反対しているのだ。ABCテレビが行ったアンケートでは、高校教育無償化「賛成」を回答した学校はゼロだったのだ。

現行の制度では年間六十万円を超える授業料について世帯収入八百万円未満の世帯に限り学校側が負担していたが、新制度では所得制限がなくなり、全て「学校負担」となるからだ。大阪府に九十六校ある私立高校のうち、年間授業料が六十万円を超えるのは約半数にあたる四十一校。授業料無償化が実現すると年間で最大約八千万円の負担が増える学校も出現するのだ。

私学経営の実態は、不景気と物価高により、どんなに経営が苦しくても自由に授業料を引き上げられない状態なのだ。私学助成金の財源は、国から出ている地方交付税とはいえ、その出資額は各都道府県が決める。そもそも、大阪府の私学助成金の出資額は全国ワースト二位だったから私学側に「身を切る改革」を押し付けていたのだ。

このように、万博も開催が危ぶまれ、高校の無償化は私学が反対し、カジノの問題もその化けの皮がはがれ始めている。不肖私が、大阪府知事選で訴えていたことが、如実に露になり始めている。「もう少し早く立候補を決断していれば、もっと早くこの問題を糾弾していれば…」という方もいるが、政治の世界に「たられば」は無い。

そもそも、私は「誠意と真実と敬い」の理念で生きており、その為に医療ではずっと「誠意と真実と敬い」を貫いてきた。政治活動でも同じ思いだ。そのような思いで、西田昌司先生と出会うことが出来たのではないかと思っている。西田先生とは、関西と関東、税理士と歯科医師、自民党と参政党と立場は全く異なるが、真実を貫く姿勢は西田先生を師と仰いで、これからも医療と政治の二刀流を貫く所存である。

吉野　敏明

西田 昌司（にしだ・しょうじ）

参議院議員。1958年、京都市生まれ。滋賀大学経済学部卒業。1990年から京都府議会議員5期連続トップ当選。2007年、参議院議員初当選。2013年、再選。税理士時代のスキルを国会の場での疑惑追及に活かし、「政治資金収支報告書を読むプロ」、「国会の大砲」の異名を取る。主な著書に『総理への直言』(イースト新書)、『財務省からアベノミクスを救う』（産経新聞出版）など。

吉野 敏明（よしの・としあき）

参政党外部アドバイザー。1967年、神奈川県横浜市生まれ。岡山大学歯学部卒業。2023年大阪府知事選に参政党より立候補。銀座エルディアクリニック院長、医療問題アナリスト、鍼灸漢方医の家系11代目、元一般病院理事長、歯周病専門医、作家、言論人。現代西洋医学では治療が困難な患者さんを治すことを使命に、日々の臨床に挑む。『国民の眠りを覚ます参政党』、『ガンになりたくなければコンビニ食をやめろ！』（小社）など。

維新政治の闇

身を切る改革は国を潰す

令和5年9月23日　初版発行

著　者　西田昌司　吉野敏明
発行人　蟹江幹彦
発行所　株式会社　青林堂
〒150-0002　東京都渋谷区渋谷3-7-6
電話　03-5468-7769
編集協力　植野徳生
装　幀　(有) アニー
印刷所　中央精版印刷株式会社

ISBN 978-4-7926-0750-0